汽车故障诊断技术

主　编　李小庆　叶国骏　李　颖
副主编　唐　琼　程　露　郭　晶　张　朗
参　编　毛如杰　金碧辉　刘　刚　张　威
　　　　吴　强

哈尔滨工业大学出版社

内 容 简 介

本书以典型工作任务、工作流程和诊断思路为核心,从常见故障入手,剖析故障原因,指导学生掌握诊断方法和操作要点。

本书设置了四个项目,即汽车故障诊断概述、发动机的故障诊断与排除、电气设备的故障诊断与排除、底盘的故障诊断与排除,共计十七个学习任务,囊括各系统常见故障。

本书可作为职业院校汽车检测与维修、汽车电子技术、汽车运用技术等专业的教学用书,也可作为相近专业及相关行业人员的参考书。

图书在版编目(CIP)数据

汽车故障诊断技术/李小庆,叶国骏,李颖主编. —哈尔滨:哈尔滨工业大学出版社,2023.3

ISBN 978-7-5767-0530-0

Ⅰ.①汽… Ⅱ.①李…②叶…③李… Ⅲ.①汽车-故障诊断-高等职业教育-教材 Ⅳ.①U472.42

中国国家版本馆 CIP 数据核字(2023)第 066700 号

策划编辑	常 雨
责任编辑	马毓聪
封面设计	四川润江广告
出版发行	哈尔滨工业大学出版社
社 址	哈尔滨市南岗区复华四道街 10 号 邮编 150006
传 真	0451-86414749
网 址	http://hitpress.hit.edu.cn
印 刷	唐山唐文印刷有限公司
开 本	889 mm×1 194 mm 1/16 印张 11.25 字数 335 千字
版 次	2023 年 3 月第 1 版 2023 年 3 月第 1 次印刷
书 号	ISBN 978-7-5767-0530-0
定 价	49.80 元

(如因印装质量问题影响阅读,我社负责调换)

前　言

党的二十大报告指出："教育是国之大计、党之大计。培养什么人、怎样培养人、为谁培养人是教育的根本问题。"我国汽车维修行业目前紧缺技能型人才，为了培养技能型人才，武汉交通职业学院汽车学院近几年积极探索，勇于实践，大力改革教学模式，加大与企业合作办学的力度，取得了良好效果。为提高学生的综合素质，切实增强学生的实践动手能力，我们引入了以工作项目为驱动的项目化教学模式。

本书以"项目驱动"为编写思路，采用与企业一线工作相接近的具体工作项目引出相应的专业知识，学习目标非常明确，突破了传统的"理论"与"实践"的界限，体现了现代职业教育"一体化"的特色，调动了学生学习的主动性。

本书以汽车故障诊断技术作为学习对象，首先对汽车故障诊断基础知识进行了总体介绍，然后分别对汽车发动机、电气设备、底盘常见故障的诊断与排除进行了详细介绍。根据维修企业工作一线的实际情况，本书设置了四个项目，共十七个学习任务。为了取得较好的学习效果，本书针对操作性较强的训练项目专门设计了实训工单。

本书由武汉交通职业学院李小庆、叶国骏，山东交通技师学院李颖任主编；武汉交通职业学院唐琼、程露，辽宁工程职业学院郭晶，广西梧州农业学校张朗任副主编；武汉万鑫振宇汽车服务有限公司毛如杰，武汉交通职业学院金碧辉、刘刚、张威、吴强参编。本书的编写凝结了武汉交通职业学院汽车维修团队的大量心血，并汲取了武汉万鑫振宇汽车服务有限公司技术总监毛如杰的宝贵经验。

本书在编写过程中，参考借鉴了一些有关的教材、论文、资料，在此表示衷心的感谢。由于时间仓促，编者水平有限，书中难免有疏漏与不足之处，请广大读者提出宝贵的意见和建议，以便再版时修订。

编　者
2022 年 9 月

目　录

项目一　汽车故障诊断概述

任务一　汽车故障诊断的基础知识 ………………………………………………… 1

项目二　发动机的故障诊断与排除

任务一　发动机异响的故障诊断 …………………………………………………… 17
任务二　气缸密封性的检测 ………………………………………………………… 27
任务三　冷却系统的故障诊断 ……………………………………………………… 36
任务四　润滑系统的故障诊断 ……………………………………………………… 44
任务五　燃油系统的故障诊断 ……………………………………………………… 53
任务六　启动系统的故障诊断 ……………………………………………………… 64
任务七　点火系统的故障诊断 ……………………………………………………… 74

项目三　电气设备的故障诊断与排除

任务一　充电系统的故障诊断与排除 ……………………………………………… 82
任务二　照明与信号系统的故障诊断与排除 ……………………………………… 90
任务三　空调系统的故障诊断与排除 ……………………………………………… 100
任务四　车辆网络系统的故障诊断与排除 ………………………………………… 109

项目四　底盘的故障诊断与排除

任务一　离合器的故障诊断与排除 ………………………………………………… 120
任务二　变速器的故障诊断与排除 ………………………………………………… 132
任务三　制动系统的故障诊断与排除 ……………………………………………… 141
任务四　转向系统的故障诊断与排除 ……………………………………………… 150
任务五　行驶系统的故障诊断与排除 ……………………………………………… 161

参考文献

项目一　汽车故障诊断概述

任务一　汽车故障诊断的基础知识

一、任务描述

一辆轿车，行驶里程5万km，车辆发生故障，请问应该如何排除故障？

二、学习目标

(一) 知识目标

(1) 了解汽车故障的成因及变化规律，正确叙述汽车故障诊断常用的方法。
(2) 掌握汽车故障诊断的方法，了解汽车故障诊断注意事项。
(3) 熟悉常用检测诊断设备的分类方式、可实现的功能及各自的适用范围。
(4) 熟悉常用检测诊断设备的基本操作步骤。

(二) 技能目标

(1) 能进行汽车故障的成因判断。
(2) 能够正确运用直观诊断法对汽车的某些典型故障进行初步分析诊断。
(3) 熟悉基本常用检测诊断设备的操作步骤。

三、汽车故障诊断与检测概述

汽车故障是指汽车部分或完全丧失工作能力的现象，包括汽车不能行驶，功能不正常和个别性能指标不符合规定的技术要求。

汽车因设计缺陷、材料问题、生产工艺问题、使用方式错误、检修保养不及时等原因，在使用过程中不可避免地会发生故障。汽车故障有的是突发性的，有的是逐渐形成的。当汽车发生故障时，如果能够用经验和科学知识准确快速地诊断出故障原因，找出损坏的零部件和部位，并尽快地排除故障，可有效提高汽车的使用可靠性和使用效率。

(一) 汽车故障产生的原因

汽车由各种零件和总成组成，在使用中，随着行驶里程的增加，由于机械磨损、化学腐蚀及变形，零件的原有尺寸、几何形状、配合间隙改变，在长期载荷作用下产生疲劳变形，橡胶、塑料制品及电子产品因长时间工作而老化等都会导致故障产生。另外，汽车因设计、材料、生产工艺、使用方式、检修保养等差异，在使用过程中不可避免地要发生故障。而汽车在使用过程中，由于某种或几种原因，其技术状况将随行驶里程的增加而变化，其动力性、经济性、可靠性、安全性将逐渐或迅速地下降，排气污

染和噪声加剧，也会产生故障。汽车故障产生的原因主要如下。

1. 设计制造上的缺陷

在汽车设计和制造过程中有些缺陷会给汽车机件带来先天性缺陷，以致汽车使用不久就出现故障。如发动机与底盘不匹配，造成换挡冲击；发动机散热系统设计不合理，导致发动机经常水温过高；曲轴材料存在缺陷、制造工艺不当、热处理工艺不良，造成曲轴早期断裂或变形等。设计引起的故障无法通过维修彻底解决，只能召回和改进产品。

2. 车辆使用外部环境复杂

汽车故障的发生与其工作的外部环境有很大关系，例如：炎热地区的车辆易出现发动机冷却液温度过高的故障，而寒冷地区的车辆会出现启动困难的故障；经常在崎岖山路或丘陵地区行驶，车辆会剧烈跳动及转向，将引起底盘的冲击和磨损，减振器、球头等部件易产生故障；多雨和沿海地区的车辆，车身和底盘腐蚀得较快；在高海拔地区，车辆行驶时易产生动力不足的故障。

3. 燃油使用不当

汽车燃油使用不当，例如标号不对、品质太差、含水过多、添加剂不良等，都会造成发动机故障，如引起爆燃、导致加速不良、损坏氧传感器、损坏三元催化器等。

4. 润滑油使用不当

发动机机油黏度不对、性能较差、等级低下，会增加发动机磨损，甚至导致发动机拉缸；变速器油品质较差，将直接腐蚀内部密封圈；不同品牌的自动变速器油液混合易产生化学反应，腐蚀部件，造成变速器出现故障。

5. 驾驶操纵不当或错误

驾驶人员的素质与车辆故障的产生有很大关系，驾驶技术不熟练、不按规定操纵车辆、违章驾驶车辆、不按规定保养汽车，都会造成汽车损坏和故障发生。

6. 维护不当

定期正确地维护车辆，是保证汽车技术状况完备、减少故障产生的重要措施，不按时、不按标准、不规范地维护和修理车辆，易使车辆产生故障。

7. 维修质量低下

维修人员的素质低，维修技术差，工具设备不齐全，配件质量差，维修工艺落后，流程不规范，甚至维修管理混乱，都易导致车辆产生故障。

8. 零件失效

汽车由上万个功能不同的零件和总成组成，其中包含大量橡胶件、塑料件、金属件。如前所述，随着行驶里程的增加，由于机械磨损、化学腐蚀及变形，零件的原有尺寸、几何形状、配合间隙将发生改变，并在长期载荷作用下产生疲劳变形，橡胶、塑料制品及电子产品因长时间工作而老化等都会导致故障产生。

（二）汽车故障分类

汽车故障按性质及状态等的不同可分为不同类型。

1. 按工作状态分类

汽车故障按工作状态可分为永久性故障和间歇性故障。

永久性故障：不经人工维修排除便一直存在，无法消除的故障。

间歇性故障：有时发生，未经维修会自动消失，但会反复出现的故障。

2. 按汽车丧失工作能力的范围分类

汽车故障按汽车丧失工作能力的范围可分为局部故障和整体故障。

局部故障：汽车部分丧失工作能力，而其他部分功能正常，即使用性能降低了的故障汽车或其子系统的工作性能随着时间的延长而逐渐变差，当达不到规定的功能时即形成故障，这种故障即为局部故障。例如，摩擦副的磨损、弹性件的硬化、油料的变质等都会使汽车全部或部分性能下降。

整体故障：汽车某一功能丧失或完全丧失而不能行驶的故障。此类故障是指汽车或其零件、部件在正常工作状态下突然停止运转，造成整个汽车功能不能实现。例如：分火头击穿、中心高压线掉线、转向节折断等。

3. 按严重程度分类

汽车故障按严重程度可分为轻微故障、一般故障、严重故障和致命故障。

轻微故障：不会导致汽车停驶或性能下降，不需要更换零件，用随车工具能轻易排除的故障。例如：点火系统高压线掉线、气门芯渗气、车轮个别螺母松动、离合器因调整原因分离不彻底等。

一般故障：汽车运行中能及时排除的故障或不能排除的局部故障。此类故障会使汽车停驶或性能下降，但一般不会导致主要零部件或总成严重损坏，并可通过更换易损件或使用随车工具在较短时间内排除。例如：汽油泵膜片损坏使发动机停止工作，进而使汽车停驶；风扇传动带断裂使发动机冷却系统停止工作，进而使汽车停驶；刮水器在雨天损坏，使汽车在雨天难以工作等。

严重故障：汽车运行中无法排除的整体故障。此类故障可能导致主要零部件、总成严重损坏，或者影响行车安全，且不能用易损备件和随车工具在较短时间内排除。例如：发动机缸筒拉缸、后桥壳产生裂纹、操纵轮摆振、曲轴断裂、制动跑偏等。

致命故障：导致汽车、总成重大损坏的故障。此类故障危及汽车行驶安全，将导致人身伤亡，引起汽车主要总成报废；对周围环境有严重破坏，会造成重大经济损失。例如：发动机报废、转向节臂断裂、制动管路破裂、操纵失灵等。

4. 按故障发展过程分类

汽车故障按故障发展过程分为突发性故障和渐变性故障。

突发性故障：也称急剧性故障，是指突然发生，在发生之前没有任何迹象的故障。突发性故障的特点是技术性能参数产生跃变，在任何时候都可发生。例如：汽车超载引起的零件突然损坏。突发性故障发生后，若不停机维修，汽车将无法恢复正常运行。

渐变性故障：此类故障使汽车或机构由正常使用状况逐渐转变为故障状况。渐变性故障出现后，一般可以继续行驶到修理阶段，其发展平稳、缓慢，汽车上的一般动配合零件都是按这种规律出现故障和发生损坏的。对于渐变性故障来说，汽车（或总成、零件）技术状况的变化是一个连续的过程，由初始状况（完好的技术状况）转变到故障状况，要经过一系列的中间过程。渐变性故障发展平稳、缓慢，是对汽车进行及时维护的结果，在全部的汽车故障中，有40%～70%属于渐变性故障。

5. 按故障产生的原因分类

汽车故障按故障产生的原因分为设计原因引起的故障和使用原因引起的故障。

设计原因引起的故障：包括结构设计欠合理、加工工艺不完善等。例如：汽车前轮结构设计不合理造成汽车制动过程中跑偏等。

使用原因引起的故障：主要是指违反行车规定，如汽车超载、使用不符合标准的燃料和润滑油，以

— 3 —

及没有按规定进行维护等产生的故障。例如：两前轮轮胎气压不等造成制动跑偏。使用原因引起的故障属于人为故障。

（三）汽车故障的表象

汽车故障的表象是指汽车故障的具体表现。现代汽车结构复杂，运行条件也极其复杂，因而产生的故障也多种多样，要准确诊断故障，必须首先熟悉其表现出来的不同的内在和外表的特征，并根据这些症状来排除故障。综合起来，汽车的故障表象可以归纳如下。

1. 运行工况异常

运行工况异常是指汽车在启动和运行中出现和存在不正常的工作状况。例如：发动机突然熄火后再启动困难，甚至不能启动；发动机不易启动或启动后运转不稳定；在行驶中动力性突然降低，使汽车行驶无力；行驶中突然制动失灵或跑偏、转向盘和前轮晃动甚至失控等。运行工况异常的故障症状明显，容易察觉，但其形成原因复杂，而且往往是从渐变到突变，因此，必须认真分析突变前有无可疑症状，去伪存真，才能判明故障所在。

2. 异响

汽车在发动或行驶时，由于机件的运转、振动会发出声响，这种声响可分为正常响声和异常响声（简称异响）。正常响声是指允许存在的轻微噪声，如发动机内部的活塞环与气缸壁的摩擦声、机油的搅动声、发动机爆燃形成时的声音以及汽车运行过程中允许出现的其他声音。异常响声是指不正常的金属敲击声或其他不应有的声音，如敲缸声、哨子声、轴承声、窜气声等。这些异常响声的存在说明有故障存在，应立即排除。应当指出的是，许多导致出现异常响声的故障会酿成重大机件事故，因此必须认真对待。

3. 温度异常

温度异常通常表现在发动机、变速器总成、驱动桥总成、制动鼓及电气元件上。在正常情况下，无论汽车工作多长时间，这些总成均应保持一定的温度。除发动机外，用手触摸这些总成时，应该能够忍受其温度，若感到烫痛难忍，则表明该处过热，说明有故障。一般电器工作一段时间也会有一定温度，若触摸无温感，应该确认其是否正常工作。

4. 排放异常

发动机工作过程中，正常燃烧生成物的主要成分是二氧化碳和少量的水蒸气，因此发动机尾气应该是无明显颜色的烟雾。若发动机燃烧不正常，则尾气中会掺有未完全燃烧的碳颗粒、甲烷、一氧化碳或大量水蒸气，这时尾气的颜色可能变蓝、变黑、变白，即排放异常。排放异常是发动机故障诊断的重要依据：当气缸窜入机油时，尾气呈蓝色；当混合气燃烧不完全时，尾气呈黑色；当燃油中掺有水时，尾气呈白色。

5. 消耗异常

消耗异常是指燃油、润滑油的消耗超过其规定值。燃油消耗量增多，一般为发动机工作不良或底盘的传动系统、制动系统调整不当所致。机油的消耗量过多，原因除了渗漏外，多是发动机有故障，这时常常伴有加机油口处大量冒烟或脉动冒烟、排气烟色不正常等表现。其主要原因是活塞与气缸壁的配合间隙过大或活塞环损坏失效。如果在发动机工作过程中机油量有增无减，可能是由于冷却液或汽油渗入油底壳。燃油、润滑油的消耗异常是发动机技术状况不良的一个重要标志。

6. 气味异常

气味异常是指可嗅出的不正常气味，如：电路短路，烧着时的橡胶臭味；汽车行驶中，发生制动拖

项目一 汽车故障诊断概述

滞、离合器打滑等故障时散发出来的离合器摩擦片、制动蹄片烧蚀产生的焦烟味；排气管排出的烟雾味、生油味；发动机过热、机油或制动液燃烧时，散发出的特殊气味等。行车中感觉气味异常时，应尽快停车检查，确定并排除故障。

7. 失控或抖动

汽车或总成在工作中出现操作失灵、操纵困难、不允许的自身抖动等，表示有故障存在。四轮定位不正确、轮胎动不平衡、曲轴不平衡、传动轴动不平衡等，都会引起车辆抖动和控制困难。

8. 渗漏

渗漏是指汽车的燃油、润滑油、冷却液、制动液（或压缩空气）以及动力转向油等油液的泄漏。渗漏故障症状明显，可直接观察发现。渗漏包括漏油、漏水、漏气、漏电等，会造成过热、转向、制动失灵、耗油量增加等故障。渗漏还会污染机件和环境，严重渗漏会造成车辆工作性能变差甚至不能工作，因此一旦发现渗漏应随即排除。

9. 外观异常

汽车发生故障时，其外观上也可能出现变化。如将汽车停放在平坦的场地上，检查其外形，若有横向或纵向歪斜等现象，则为外观异常。汽车外观异常的原因多是车架、车身、悬架装置、轮胎等出现异常，这样会引起行驶方向不稳、行驶跑偏、重心偏移、轮胎摩擦不均匀等故障。

10. 仪表指示异常

汽车上的各种仪表（电流表、机油压力表、冷却液温度表和气压表等）指示车辆有关部分的工作状况，如果仪表读数指示异常，表明相应部位有故障，应立即停车检查排除。

四、汽车故障诊断方法

汽车故障诊断是通过检查、测量、分析、判断等一系列活动完成的，其基本方法主要分为以下几种：直观诊断法/人工经验诊断法、现代仪器设备诊断法和故障征兆模拟试验方法。

（一）直观诊断法/人工经验诊断法

直观诊断法是指诊断人员凭丰富的实践经验和一定的理论知识，在汽车不解体或局部解体情况下，依靠直观的感觉印象，借助简单工具，采用眼观、耳听、手摸和鼻闻等手段，进行检查、试验、分析，确定汽车的技术状况，查明故障原因和故障部位的诊断方法。

1. 看

看即目测检查，其目的是了解电控发动机的电子控制系统类型、车型，在进行更为细致的测试和诊断之前，能排除一些一般性的故障原因。

看车型和电子控制系统类型，注意看故障车型是何公司、何年代生产的，采用何种电控汽油喷射类型。因为不同公司不同年代生产的汽车，电控燃油喷射系统的形式不同，所以其故障诊断方法也不同。

检查滤清器，进、排气管，真空管，油、水相关部件等容易产生泄漏故障，又易于发现问题的部位。

检查电子控制系统线束的连接状况，传感器或执行器的插接是否良好，传感器和执行器有无明显的损伤等。

2. 问

为了迅速地查找故障源，首先必须了解故障出现时的情形、条件，如何发生，以及是否已检修过等与故障有关的情况和信息。为此，必须认真听客户对故障现象的描述。最好的做法是在倾听客户的初步

汽车故障诊断技术

意见之后，进行一次初步诊断，随后询问客户一些相关的问题来帮助确定或否定初步诊断的结论，同时认真填写接车检查单。

3. 听

听主要是听汽车工作时的声音，即有无振动，有无敲缸，有无失速，有无回火或放炮、异响等。

4. 试

试主要是维修人员根据前述检查，有针对性地试车，以便进一步确定故障部位。

（二）现代仪器设备诊断法

现代仪器设备诊断法是在人工经验诊断法的基础上发展起来的一种诊断方法，是指在汽车不解体情况下，利用测试仪器、检测设备和检验工具，检测整车、总成或机构的参数、相关曲线和波形，为分析、判断汽车技术状况提供定量依据的诊断方法。采用微机控制的现代电子仪器设备能自动分析、判断、存储并打印出汽车各项性能参数，但其投资大、检测成本高。

现代仪器设备诊断法具有检测速度快、准确性高、能定量分析、可实现快速诊断等优点。

目前，常用仪器设备有万用表、故障诊断仪示波器、喷油器清洗检测仪、气缸压力表、LED（发光二极管）试灯、尾气分析仪、四轮定位仪等。

汽车电子控制系统是一个相当复杂的系统，电子控制单元（ECU）在完成各项控制功能的同时，还带有自诊断功能，即控制系统中有一套监控程序。如果被监控的电路信号超出正常的范围，ECU 会以故障代码的形式将其记录并储存下来，同时采用应急容错控制技术，启动备用程序，以维持车辆的基本工作状态。

利用故障诊断仪，在进行故障诊断时可以利用 ECU 的自诊断功能进行故障代码的读取和清除、数据在线检测（即数据流分析）、执行器功能测试和基本设定。

1. 故障代码的读取与清除

故障代码的读取方法有两种：一种是人工读码，另一种是用故障诊断仪读码。故障代码的清除，可以采用人工断电方式，将电控系统主电源熔断丝或车辆蓄电池拆除 10 s 以上，即可清除 ECU 中的记忆故障代码；也可利用故障诊断仪的消码功能，根据屏幕提示操作键盘，即可将故障代码清除。

在车辆线束总成上有一个故障诊断插座，故障诊断插座上设有一个串行数据传输线，接上故障诊断仪，操作键盘，按菜单提示进入故障代码读取通道，即可将 ECU 内储存的故障代码读出并显示在显示屏上。故障诊断插座一般位于仪表台下方（转向柱左侧），如图 1-1-1 所示。

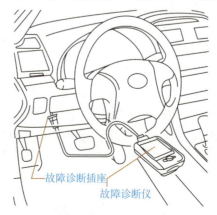

图 1-1-1　故障诊断插座位置

汽车故障诊断仪有两类：一类是专用故障诊断仪，各汽车厂家一般都开发了自己的专用故障诊断仪，如通用的 GDS、丰田的 GTS、大众的 VAS6160 等；另一类是通用故障诊断仪，这种诊断仪能够适用于较多的车型，如美国 Snap-on 公司的 Scanner（即红盒子），我国的修车王、车博士、金德 KT600、金奔腾等。

2. 数据流分析

利用故障代码进行故障诊断，虽然在一定程度上方便、快捷，但存在两方面的局限性：一是故障代码只能指明某一部分电路有故障，只是一个范围，不能具体到故障部位；二是 ECU 只能监测信号的范围，不能监测被测信号的变化特性，即只能识别出值域区和时域区超出有效范围的信号，而不能识别出没有超出有效范围但不合理的信号。所以，故障代码只是一个重要参考，不能完全依赖故障代码，在排除故障时还必须做更进一步的检测。

车辆的自诊断系统除了具有故障代码的设置功能外，一般还具有行车记录功能，能记录车辆行驶过程中传感器、执行器及相关电路的数据和资料。将故障诊断仪通过故障诊断插座与车辆 ECU 相连，选择正确通道，在故障诊断仪的显示屏上便可以显示出上述数据，分析、比较这些数据，可以为进一步的故障诊断和排除疑难故障提供更多的信息和线索。

3. 执行器功能测试

利用故障诊断仪还可以通过车辆 ECU 向执行器发出控制指令，使某些执行器产生动作，以测试其功能，如喷油器动作的测试、活性炭罐电磁阀动作的测试、换挡电磁阀动作的测试、空调压缩机离合器动作的测试等。

4. 基本设定

某些车型换元件之后需要进行参数匹配，又称基本设定。如大众车系的电子节气门体，更换后需要将节气门体与 ECU 进行匹配；如果更换了 ECU，也需要在节气门体与新 ECU 之间进行匹配，否则会出现发动机怠速抖动、行驶无力等现象，这一工作必须由故障诊断仪来完成。

随着计算机技术在汽车诊断方面的深入应用，以微机控制为核心的汽车诊断设备能自动完成对诊断对象的检测，并利用仪器自存的诊断标准和分析软件实现检测结果的自动分析，进而自动对汽车技术状况、故障部位、故障原因做出判断。目前，汽车车载自诊断系统（OBD-Ⅱ）是智能诊断系统的一种，但其智能化程度还远远不够。智能诊断法是汽车故障诊断技术的发展方向。需要说明的是，以上各种诊断方法都各有其优缺点，任何一种故障诊断方法都不能被其他方法完全取代。在实际应用中，常常将不同诊断方法结合使用，令它们之间互为补充。最佳的故障诊断方法是：丰富的实践经验与先进的检测设备两者结合，灵活运用。在实际故障诊断中，先进行人工直观诊断，必要时再用相应的仪器设备进行检测，这样可使故障的诊断速度和精度大大提高。

（三）故障征兆模拟试验方法

在故障诊断中最困难的情形是有故障，但没有明显的故障征兆。在这种情况下，必须进行彻底的故障分析，然后模拟与车辆出现故障时相同或相似的条件和环境。无论维修人员经验如何丰富，也无论其技术如何熟练，如果不经过对故障征兆的验证就进行诊断，也可能在维修工作中忽略一些重要的东西。这里介绍几种常用的故障征兆模拟试验方法。

1. 振动法

当振动可能是引起故障的原因时，可采用振动法进行试验。基本试验方法有以下几种：①插接器。在垂直和水平方向轻轻摇动插接器。②配线。在垂直和水平方向轻轻地摆动配线。③零件和传感器。用手指轻拍装有传感器的零件,检查其是否失灵。切记不可用力拍打继电器,否则可能使继电器开路。

2. 加热法

当有些故障只是在热车时出现时,故障可能是由有关零件或传感器受热引起的。可用电吹风或类似加热工具加热可能引起故障的零部件或传感器,并检查其是否出现故障。但必须注意,加热温度不得高于 60 ℃(温度限制在不致损坏电子元器件的范围内),不可直接加热电控单元中的零件。

3. 水淋法

当故障是在雨天或高湿度的环境下产生时,可将水喷淋在车辆上,检查是否发生故障。但应注意,不可将水直接喷淋在发动机等电子控制的零件上,尤其应该防止水渗漏到电控单元内部,应喷淋在散热器前面,间接改变湿度和温度。

4. 电气全接通法

若怀疑故障是由用电负荷过大引起的,可接通车上全部电气设备(包括加热器鼓风机、前照灯、后窗除雾器等),检查其是否发生故障。

五、汽车故障分析的基本方法

汽车故障形式多样,故障原因纷繁复杂,要进行快速准确的故障诊断,前提是熟悉汽车的构造与原理,熟悉各种检测设备的使用方法,熟悉各元件的检测方法;关键是具有清晰科学的诊断思路;核心是具有较强的分析和判断能力。

汽车故障分析的基本方法包括思维导图分析法和诊断流程图分析法。

(一)思维导图分析法

思维导图分析法在汽车故障诊断中主要用于对汽车故障原因进行定性分析,其表现形式是故障树。思维导图分析法是汽车故障诊断最常用的分析方法,绘制故障树的基本方法是将系统故障形成的原因由总体至部分按树枝状逐级细化,其作用是明确故障基本原因,找出所有可能的故障点,从而不会遗漏任何基本故障点。

用思维导图分析法进行汽车故障诊断,是将汽车的故障现象作为分析目标,然后寻找直接导致这一故障发生的全部因素,再寻找造成这些因素的全部直接因素,直至追查到那些基本的、无须再深究的因素为止,其结果是反映汽车故障因果关系的树枝状图形——故障树。

故障树的表现形式多种多样,只要遵循由总体至部分按树枝状逐级细化的原则即可。一个故障的基本故障点可能有很多,死记硬背会比较困难。通过绘制故障树,将故障原因由总体至细节层层分解直至最终基本故障点,可以锻炼我们归纳总结的能力,同时有助于提高我们的记忆力。

(二)诊断流程图分析法

诊断流程图分析法是汽车故障分析中检测思路、综合分析、逻辑推理和判断方法的表达方法,其表现形式是故障诊断流程图,它是汽车故障排除的操作流程。绘制诊断流程图的作用是确定检修流程,提高诊断效率。绘制诊断流程图的基本原则是先易后难、由表及里、分层推进。诊断流程图是根据汽车故障现象特征和技术状态之间的逻辑关系,反映汽车故障诊断检测思路、综合分析、逻辑推理和判断方法,描述汽车故障诊断操作顺序和具体方法,从原始故障现象到具体故障部位和原因的顺序框图。

建议在用思维导图分析法绘制出汽车故障树的基础上,依汽车故障诊断和维修积累的经验,根据先易后难、由表及里、分层推进的原则,列出汽车故障诊断的操作顺序,阐明具体操作方法,并用流程

图的形式表达出来，最终提高诊断效率。

六、汽车电控部分故障诊断检修程序

下面以电控发动机为例，说明汽车电控部分故障诊断检修的一般程序，其可按图1-1-2所示的一般程序进行。

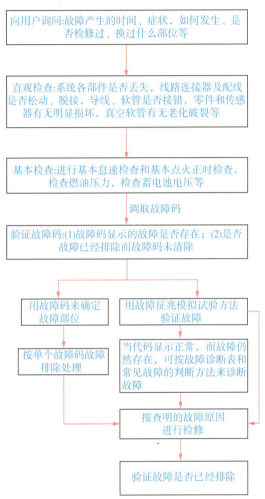

图1-1-2　汽车电控部分故障诊断检修程序

七、汽车故障诊断与排除的一般步骤

1. 识别汽车故障

进行这一步时，应与客户交谈，以准确了解故障和其产生的条件，以及症状的严重程度，可以询问以下问题。

（1）故障是一直存在还是偶尔才出现？故障的出现是否有规律？故障现在是否还存在？

（2）故障是否发生于特定工况（如加速或爬坡）或特定温度（如冷启动或热启动）下？

（3）症状是什么？噪声、振动、气味、性能故障或是上述任意几项的组合？

（4）故障以前是否出现过，曾采取什么措施进行修理？

（5）汽车最近一次维修是什么时候？修理时采取了什么措施？

2. 确认故障

要注意客户描述症状的方式可能会与维修人员有些差异，维修人员最好自己驾车体验一下这些症状。另外要记住，没有症状就说明没有故障。如果没有体验到故障的症状，就不要试图去修理。无目的工作只会让维修人员浪费很多时间和精力而徒劳无获。所以，开始进行故障排除之前，应先确认故障是否存在。

3. 检查机械部分

检查有无明显的问题并先排除一些简单故障。检查连接插头、真空管、机油、冷却剂、驱动皮带。检查蓄电池电压：静止开路电压不应小于 12.2 V；发动机运转时电压不应小于 13.5 V，且应小于 14.5 V。交流电压值过高会使交流发电机的二极管损坏。

4. 检查发动机重要系统

发动机工作需具备的三个条件：燃料供给、压缩和点火。这些方面的故障通常被误认为是控制系统的问题。近期的电控系统带有自适性记忆功能，可以避免出现这种误判，使被掩藏的机械故障得以显现。试图仅靠检查电控系统来找出故障原因，只会事倍功半。应检测燃油供给、压缩压力、点火性能。

5. 系统性测试

检查控制系统要依照从整体到局部的原则。精确地检查局部之前，应先进行整体检查。对发动机控制系统进行全面测试时，应使发动机达到正常工作温度。可把发动机是否进入闭环工作状态作为一个基本测试。发动机以 2 000 r/min 以上的转速运转至少 2 min，使氧传感器参数、触媒转化器参数、水温进入工作范围，系统则应进入闭环状态。

（1）排除故障指示灯（MIL）的故障。

带电控系统的汽车的仪表板上有一盏 MIL，开启点火钥匙而不发动发动机，灯就会亮。先开启一下钥匙检查指示灯是否良好。对大多数系统来说，若 MIL 不亮，PCM 不会进入诊断状态，解码器也无法利用。这种情况还可能阻碍系统进入闭环状态，造成驾驶性能故障。

（2）利用解码器读故障码。

通过查看故障码，可以找出发生故障的具体回路或子系统，找到开始故障检修的地方，但还需进行进一步测试以确定故障原因。对于不产生故障码的系统，可以通过观察解码器的数据流参数来检查有无异常的状况，确定发生故障的回路。

（3）回路或子系统检查。

所有有源回路都是一端与电源相连，一端搭铁。由于这种结构特点的存在，检修电子线路最明智的办法就是从一端检查到另一端，将目标缩小至某一具体回路，然后进行系统性测试。

6. 进行修理，更换为主

略。

7. 确认修理成功

检查完整个回路后，进行路试，以确保故障症状都已消除。

八、汽车故障诊断的设备

汽车故障的出现主要是由汽车技术状况的变化引起的，而汽车的技术状况是可以通过对状态参数的物理或化学特征的测量来反映的。因此，可用一定的诊断设备或仪器对汽车的技术状况加以诊断，从而找出导致汽车产生故障的原因，及时进行排除。

项目一 汽车故障诊断概述

由于汽车故障诊断设备是根据汽车各个系统的结构特征和工作原理而专门设计的，因此其针对性比较强，一般只能用来测定某一系统或某一方面的故障参数。游标卡尺、千分尺、万用表等基本检测工具在此不再赘述。

（一）真空表

图 1-1-3 所示为真空表，通过使用真空表可以测试进气歧管真空度，从而可以鉴别发动机机械系统（例如进气、排气系统）的工作是否正常，也可以测量特定的靠真空伺服控制的执行系统工作是否正常，这有助于快速排除各种类型的汽车故障。

（二）燃油压力表

图 1-1-4 所示为燃油压力表。通过测试发动机燃油系统的压力，可以检查燃油供给系统包括汽油泵、滤清器、燃油压力调节器、喷油器、进油管、回油管等的工作是否正常。其也可以用来测试特定部位（如排气管）的压力是否符合要求。

（三）喷油器平衡性测试仪

图 1-1-5 所示为喷油器平衡性测试仪。在发动机运行过程中，喷油器以很高的频率在重复着打开和关闭的状态转换，这必然会造成针阀阀座的磨损，另外汽油中的重馏分也会在喷油器内外形成积炭，这些都会造成喷油器的工作性能发生变化。如果未能及时发现和排除这些故障，必然造成发动机的性能下降，例如发动机启动困难、怠速不良、动力不足等。因此，必须对喷油器进行全面的诊治，通常情况下是利用喷油器平衡性测试仪来对喷油器进行测试。需要完成的内容包括：

(1) 测量喷油器单位时间内的喷油量是否符合要求。
(2) 测量喷油器的喷射角度是否合适。
(3) 测量喷油器的密封性是否良好。
(4) 利用超声波技术对喷油器内部的积炭进行清洗。

1-1-3 真空表

1-1-4 燃油压力表

1-1-5 喷油器平衡性测试仪

（四）点火正时灯

图 1-1-6 所示为汽车检测和故障诊断过程中经常使用的点火正时灯，它可以测试在特定工况下，发动机的点火提前角是否满足技术要求。点火正时灯由高亮度发光二极管和电阻器组成，使用点火线圈次级点火电流作为触发点。其工作原理是：当发动机一缸火花塞点火时，点火正时灯上的电容式检测夹能同时检测到点火时刻信号，触发高亮度发光二极管闪烁，照射在发动机前端的正时刻度盘上，于是就可以读取到点火提前角。有些点火正时灯上带有数字显示屏，可以即时显示测试结果，对于这种类型的点火

正时灯，需要调整点火正时灯上面的提前、滞后旋钮，使点火正时灯闪烁时，点火正时灯、正时标记点、正时刻度盘的"0"刻度保持在一条直线上，此时点火正时灯上显示的数值即为点火提前角。

图 1-1-6　点火正时灯

（五）汽车专用示波器

汽车专用示波器的作用是用电压波形曲线显示汽车电控系统或相关系统的工作过程。示波器通常由诊断模块、测试主机、存储卡、外接电源、测试线缆等部分组成，下面通过表 1-1-1 讲解各部分的功能。

表 1-1-1　示波器的组成及功能

组成	功能
诊断模块	电控系统传感器输出的电压、电阻和频率信号，须经诊断模块进行处理，使之成为测试主机能够识读的数字信号。有的示波器配备了两种诊断模块，一种是示波器诊断模块，另一种是发动机测试模块。诊断模块安装在测试主机顶部，对采集的信号进行预处理，测试线缆与它相连
测试主机	包括显示器、键盘和电路板。显示器为人机对话的界面，操作简单，测试结果、所测波形通过显示器显示。键盘为仪器的输入元件，测试元件的选择、波形的分析等功能均通过键盘来完成
存储卡	存储卡为主机提供内存、最新的软件程序。存储卡可以升级，以加强示波器的功能。存储卡安装在测试主机底部卡槽内，一般升级时才需要拔出
外接电源	示波器使用直流 12 V 电源，可接在车辆的 12 V 蓄电池上或用 AC 充电器充电
主电源开关	示波器配有主电源开关
串行接口	该接口用于连接打印机、PC 或尾气分析仪等
外部电源接口	示波器内装有可充电电池，当电池电力不足时，可使用外接电源充电
测试线缆	该线缆一端接到诊断模块接口，另一端为测试探头。示波器共有 4 根测试线缆，分别为黄、蓝、红、绿 4 种颜色，另一根为黑色搭铁线缆。测试线缆分为通用型和专用型。在进行不同项目测试时，可选用专用适配器

（六）发动机气缸压力表

发动机气缸压力表用于检测气缸压缩压力，根据测试结果可以判断气缸衬垫及气缸体与缸盖之间的密封状况、活塞环与缸壁配合状况以及燃烧室内积炭是否过多等有关气缸的技术状况。发动机气缸压力表如图 1-1-7 所示。气缸压力表内圈的读数单位一般为 psi，外圈的读数单位一般为 kg/cm^2，压强常见单位换算公式为 1 bar ＝ 1.02 kg/cm² ＝ 102 kPa ＝14.5 psi。

汽油发动机气缸压力一般为 0.6～1.2 MPa。

图 1-1-7　发动机气缸压力表

实训工单　故障解码仪读取故障码/数据流

1. 车辆信息

项目	信息	项目	信息
车型		发动机型号	
VIN 码		行驶里程	

2. 实训准备及设备初步检查

序号	检查项目	结果确认	序号	检查项目	结果确认
1	汽车停放位置与举升机状况确认		6	发动机机油液位、冷却液检查	
2	放置车轮挡块		7	蓄电池电缆接头检测	
3	连接尾气尾排		8	仪器设备准备	
4	放置车外三件套		9	测量工具准备	
5	放置车内三件套		10	技术资料准备	

3. 故障现象确认

经确认，该车故障现象如下。

_____

_____

4. 故障诊断流程分析

经小组讨论，故障诊断流程如下。

_____

_____

_____

汽车故障诊断技术

5. 检测过程与分析

（1）基础检测。

序号	检测项目	结果确认	序号	检测项目	结果确认
1	蓄电池电压		4	油气管路连接	
2	仪表板故障灯		5	电气元件连接	
3	燃油量		6	故障码	

（2）进一步的检测与排除。

序号	检测项目	检测工况/方法	测量参数	结果分析
1	汽车故障码			
2	数据流：车速			
3	数据流：冷却液温度			
4	数据流：节气门开度			
5	数据流：加速踏板位置			
6	数据流：加热型氧传感器1电压			
7	数据流：加热型氧传感器2电压			
8	数据流：短期燃油修正			
9	数据流：长期燃油修正			

（3）故障点及排除方法。

_____

_____

_____

6. 设备复位

序号	检查项目	结果确认	序号	检查项目	结果确认
1	收起车轮挡块		5	仪器设备复位	
2	收起尾气尾排		6	测量工具复位	
3	收起车外三件套		7	技术资料复位	
4	收起车内三件套		8	场地清洁	

7. 评价与反馈

（1）学习小结。

序号	项目	操作内容或要求	标准分	实际评分	备注
1	任务准备	实训准备及设备初步检查	10		
2	实施过程	故障解码仪读取故障码/数据流	30		
3	完成质量	测量数据准确、排除故障	20		
4	完成时间	90 min	10		

项目一 汽车故障诊断概述

(续表)

序号	项目	操作内容或要求	标准分	实际评分	备注
5	安全操作	个人防护、设备安全等	20		
6	5S工作	设备复位等	10		
		总分			

(2) 成绩评定。

小组评议等级：_____　　　组长签名：_____

教师评议等级：_____　　　教师签名：_____

课 后 习 题

一、单选题

1.（　　）不是汽车的故障表现。

　A. 发动机异响　　　　　　　　　B. 变速器漏油

　C. 仪表保养指示灯点亮　　　　　D. 尾气排放超标

2.（　　）不是汽车故障诊断的基本方法。

　A. 直观诊断法　　　　　　　　　B. 人工经验诊断法

　C. 换件法　　　　　　　　　　　D. 现代仪器设备诊断法

3.（　　）不属于汽车故障诊断的基本原则。

　A. 问清故障缘由　　　　　　　　B. 由简到繁

　C. 多换备件　　　　　　　　　　D. 逻辑分析

4. 在不解体（或仅拆卸个别小件）条件下，确定汽车技术状况或查明故障部位、故障原因，进行的检测、分析和判断是（　　）。

　A. 汽车检测　　　　　　B. 汽车诊断　　　　　　C. 汽车维护

5.（　　）是为确定汽车技术状况或工作能力进行的检查和测量。

　A. 汽车检测　　　　　　B. 汽车诊断　　　　　　C. 汽车维护

6. 可以作为汽油机燃油供给系统的诊断参数的是（　　）。

　A. 喷油器喷油压力　　　B. 车轮侧滑量　　　　　C. 车轮前束值

7. 在用车发动机功率不得低于原额定功率的（　　），大修后发动机功率不得低于原额定功率的90%。

　A. 75%　　　　　　　　B. 90%　　　　　　　　C. 50%

二、判断题

1. 具有较强的综合分析、逻辑推理和判断能力，是实现快速、准确故障诊断的核心。（　　）

2. 直观诊断法又称人工经验诊断法，主要是通过诊断仪对故障进行分析。（　　）

3. 需要启动发动机检查电路时，应注意车下有无其他人工作，预先打好招呼，变速器置空挡，拉紧手制动然后发动。（　　）

4. 手湿时不得扳动电力开关或电源插座。电源线路、保险丝应按规定安装，无合适保险丝时可用铜线替代。（　　）

5. 举升机使用前应移走附近妨碍作业的器具及杂物，并检查操作手柄是否正常。（　　）

6. 各工位应配备充足的灭火器材，并加强维护保养使之保持良好的技术状态，所有员工均应学会正确使用灭火器材。（　　）

— 15 —

7. 废油应倒入指定废油桶收集，然后倒入排水沟内，防止废油污染。（　　）

8. 有毒、易燃、易爆物品和化学物品，粉尘、腐蚀剂、污染物、压力容器等应有安全防护措施和设施，压力容器及仪表等应严格按有关部门要求定期校验。（　　）

9. 通过立即抛弃任何不需要的物品来提高空间的使用效率的做法是整理。（　　）

项目二　发动机的故障诊断与排除

任务一　发动机异响的故障诊断

一、任务描述

一辆轿车，行驶里程 8 万 km，发动机异响，客户反映冷车时车辆不好启动，启动 7～8 次才行，启动后发动机发出异响。如果你是维修技师，能确定此故障是何种故障并将之排除吗？

为了排除该故障，应完成以下内容：
(1) 熟悉发动机常见的异响现象。
(2) 在实车上对发动机异响故障进行诊断与排除。
(3) 完成并填写实训工单的相关项目。

二、学习目标

（一）知识目标

(1) 能描述发动机常见的异响。
(2) 熟悉发动机异响的故障原因。
(3) 能描述诊断并排除发动机异响故障的思路及方法。

（二）技能目标

(1) 能借助仪器确定发动机异响的位置。
(2) 能对发动机异响故障进行诊断与排除。

三、故障原因分析

（一）发动机异响

发动机异响的出现标志着发动机某一机构的技术状态已发生变化。其主要是由有些零件磨损过甚或装配、调整不当引起的。有些异响可预告发动机可能将发生事故性损伤，因此当发动机出现异响时，应及时修理，防止故障严重程度加深。在拆开发动机之前，先要进行检查，以初步确定故障的所在部位，然后对发动机异响特性进行分析，可以基本上诊断出异响的部位、原因和程度，避免拆检的盲目性。

（二）发动机异响的影响因素

发动机异响与配合间隙、润滑条件、温度、负荷、转速等因素有关。

1. 配合间隙

当润滑、温度、负荷和速度等一定时，异响是随配合间隙的增大而变得明显的。如活塞与缸套的配合间隙越大，响声越明显。

2. 润滑条件

品质好的润滑油和适宜的压力能产生较好的润滑油膜。润滑油膜越厚，机械冲击就越小，噪声也就越小，异响就不易发生。

3. 温度

金属零部件受到高温作用会引起几何形状变化，这种变形又会影响配合间隙，润滑油在高温下易变质和变稀（润滑油黏度下降），使润滑油膜厚变薄，润滑性能变差。①活塞敲缸响在低温时响声明显，温度升高后异响减弱或消失。②发动机过热引起的早燃突爆声，活塞因变形、配合间隙过小引起的敲缸异响等在低温时响声不明显，温度升高后响声明显或加重。

4. 负荷

负荷越大异响就越明显。根据异响随负荷变化的规律和特点就可判定故障的性质和位置。例如：发动机稳定在急速下运转，就可听到清晰的活塞敲缸响；不严重的连杆轴承响需要急速抖动节气门才能听到；活塞敲缸响和连杆轴承响都有在单缸断火后响声减弱或消失的特点，利用这一特点不仅能确定故障的性质，还能找出故障的位置。

5. 转速

发动机每种异响都有其特定的振动频率，当发动机转速的频率是异响频率的整数倍时，会产生共振现象，于是异响加剧，即每种异响在其响声最明显时都对应一个转速范围。如活塞敲缸响在发动机的低速段最明显；连杆轴承响在发动机的中速段最明显；传动轴不平衡响在汽车中速以上行驶时最突出，随着车速的升高，传动轴的振动也随之加剧。

6. 工作循环

发动机异响与工作循环有很大关系，尤其是曲柄连杆机构和配气机构。一般曲柄连杆机构异响每工作循环发响2次，配气机构异响每工作循环发响1次。

异响听诊部位和振动区域：常见异响在发动机上引起振动的区域为气缸盖部位、气缸体中上侧部位、气缸体下侧部位、油底壳与曲轴箱分界面部位及正时齿轮室部位和加机油口部位（或曲轴箱通风管口部位）。

发动机出现异响时，常常伴随其他故障现象出现，如机油压力降低、排气管排烟颜色异常、功率下降、运转无力、燃油消耗过大、个别缸不工作或工作不良、振抖、运转不稳定、回火、放炮、机油变质、排气管有"突突"声、加机油口脉动冒烟等。

（三）发动机异响的诊断方法

1. 人工直观试探法

人工直观试探法主要是借助听诊器、断火试验，结合变换节气门开度等，凭耳、眼来听、察异响的变化情况。在听、察过程中，还要及时观察排气管排烟的烟色、烟量的变化和各仪表的工作情况等。

2. 仪器诊断法

发动机各类异响和振动的声级、声压、振幅等不同。只要发动机各摩擦副磨损，配合间隙增大或某一部分发生松动，就会产生异响与振动，形成特有的声级、声压和振幅并可通过仪器反映出来。

发动机异响的仪器诊断法，较常见的是示波器诊断法。利用示波器，能观测到异响波形，可实现快速诊断。其原理是利用加速度传感器（拾振器），把各种异响对应的振动信号拾取出来变为电信号，经过选频、放大后送到示波器显示出振动波形,对异响进行频率鉴别和幅度鉴别,再辅以单缸断火(或单缸断油)、转速变化、听诊等传统手段,就能快速地判断出异响的种类、部位和严重程度。除了专用异响示波器以外,有些国产和进口发动机综合性能检测仪(均带有示波器部分)也能观测发动机异响波形。

(四) 发动机异响的鉴别

发动机运行过程中伴随各种响声,有的是正常的响声,有的是异响,需要维修人员做好发动机响声鉴别,发动机常见的响声见表2-1-1。

表 2-1-1 发动机常见的响声

位置	特点
发动机工作机械运转声	有规律的响声
曲轴主轴承响	比较沉重的金属敲击"铛铛铛"声响
连杆轴承响	比较清脆的金属敲击"铛铛铛"声响
活塞敲缸声	清脆有节奏的金属敲击"嗒嗒嗒"声
活塞销响	清脆有节奏的金属敲击"嗒嗒嗒"声
气门脚响	气门室处发出的连续不断的有节奏的"嗒嗒嗒"声
液压挺杆响	有节奏的金属敲击声
点火敲击响	清脆的"嘎嘎嘎"的金属敲击响
其他声响	

1. 曲轴主轴承响

(1) 故障现象。

发动机稳定运转时声响不明显,急加速或负荷较大时,发出较沉重、有力、有节奏的"铛铛铛"声,严重时机体振抖。

(2) 故障原因。

①由主轴颈磨损失圆造成的主轴承配合间隙过大或配合不良。

②润滑不良。

③主轴承盖螺栓松动,轴承合金脱落、烧损、轴承破裂等。

④曲轴弯曲。

(3) 故障诊断。

①改变发动机转速,转速增高,响声增大,中速向高速过渡时响声明显,急加速异响明显。

②负荷增大(如爬坡、载重),响声加大,负荷变化时响声较明显。

③发动机温度变化时,异响变化不明显。

④单缸断火时,响声不变(末道主轴承响,响声减弱),相邻两缸均断火时,响声明显减弱。

⑤发动机跳火1次,发响2次,即每工作循环响2次。

⑥润滑不良时,响声加重,一般有明显的油压降低现象。

⑦反复抖动节气门,从加机油口(或曲轴箱通风管口)处听诊,可听到明显的沉重有力的金属敲击声;或用听诊器触在油底壳或曲轴箱与曲轴轴线齐平的位置上听诊,响声最强的部位即为发出异响的主轴承。

⑧伴随现象。主轴承异响往往会伴随油压降低现象,严重时发动机振抖,尤其是在高速或大负荷时。

2. 连杆轴承响

(1) 故障现象。

发动机怠速运转时无异响或响声较小，急加速时有较重且短促的明显连续的"铛铛铛"敲击声。这是连杆轴承响的主要特征，严重时怠速也能听到明显响声。连杆轴承响比主轴承响清脆、缓和、短促。

(2) 故障原因。

①连杆轴承或轴颈磨损，使配合间隙过大或配合不良。

②油压过低，或机油变质，或连杆轴油道堵塞，致使润滑不良。

③连杆轴承盖螺栓松动或折断。

④连杆轴承尺寸与标准值不符，引起转动或断裂。

⑤连杆轴承减摩合金脱落或烧毁。

(3) 故障诊断。

①改变发动机转速，怠速时声响较小，中速时较为明显，稍稍加大节气门有连续的敲击声，急加速时敲击声随之增大，高速时因其他杂音干扰而不明显。

②负荷增大，响声增大。

③发动机温度变化时，响声通常不变，但有时也受润滑油温度的影响。

④单缸断火，响声明显减弱或消失，但复火时又能立即出现，即响声上缸。但当连杆轴承松旷过甚时，单缸断火声响无明显变化。

⑤点火 1 次，发响 2 次，即每工作循环响 2 次。

⑥连杆轴承响声在油底壳侧面较大。如用听诊器触在机体上听诊，响声不十分清晰，但在加机油口处或曲轴箱通风管口处直接察听，可清楚听到连杆轴承敲击声。

⑦伴随现象。连杆轴承响伴随油压明显降低现象，严重时机体振抖，这有别于活塞销响、活塞敲缸声。可用手将螺丝刀或听诊器抵住缸体下部或油底壳处，当触试相应的故障缸位时有明显振动感。

3. 活塞敲缸声

活塞敲缸声指活塞上下运动时在气缸内摆动或窜动，其头部或裙部与气缸壁、缸盖碰撞发出的响声，通常专指活塞与气缸壁间隙较大，活塞上下运动时撞击气缸壁发出的响声。

(1) 故障现象。

发动机怠速或低速运转时，在气缸的上部发出清晰而明显的、有节奏的"嗒嗒嗒"的连续不断的金属敲击声，严重时响声变沉重，即为"铛铛铛"声响。

(2) 故障原因。

①活塞与气缸壁配合间隙过大。

②活塞裙部腐蚀，或气缸磨损过大。

③油压过低，气缸壁润滑不良。

(3) 故障诊断。

①怠速或低速时比较清晰，中速以上运转时，异响减弱或消失。

②负荷加大，响声加大。

③一般冷车时响声明显，热车后响声减弱或消失，即冷敲缸；严重时冷热均敲缸，并伴有振抖。

④将发动机置于异响明显的转速下，进行单缸断火试验，响声明显减弱或消失。

⑤曲轴转1圈，发响1次，且有节奏性，转速提高响声加快。

⑥润滑不良响声加重。

⑦将听诊器或听诊杆触在机体上部两侧进行听诊。若响声较强并稍有振动，再结合断火试验，即可确定异响气缸。

⑧伴随现象。排气管排蓝烟、缸压降低等。以手将螺丝刀或听诊器抵紧气缸侧部触试，有明显振动感。

⑨其他敲缸特例。

4. 活塞销响

（1）故障现象。

在急速、低速和从急速向低速抖动油门时，发出响亮、尖脆而有节奏的"嘎嘎嘎"金属敲击声，类似两个钢球相碰的声音，呈上下双响。略将点火时间提前，声响加剧，在同样转速下比活塞敲缸声更连续而尖锐。

（2）故障原因。

①活塞销与销孔、连杆衬套磨损严重，配合间隙过大。

②卡环松旷、脱落。

③润滑不良等。

④活塞销断裂。

（3）故障诊断。

①转速变化时，响声也随之周期性变化，加速时声响更大，在发动机转速稍高于急速时比较明显，比轴承响清脆。抖动节气门，从急速向低速加速时，响声能随转速的变化而变化，且在转速升高的瞬间，发出清脆、连续而有节奏的响声。

②温度上升，响声没有减弱，甚至更明显。有时冷车时响声小，热车时响声大。

③单缸断火时，响声减弱或消失。复火时响声会明显出现1响或连续2响。严重时，在响声较大的转速下进行断火试验时，往往响声不消失且变得杂乱。

④用螺丝刀或听诊器抵触在发动机上侧部或气缸盖上察听，同时变换转速，在气缸壁上部听诊比在下部明显。

⑤根据不同症状具体诊断：

a. 若转速越高响声越大，单缸断火时响声反而杂乱，则故障为活塞销与衬套间隙过大。

b. 急速运转时，响声为有节奏而较沉重的响声，提高转速声响不减，同时伴有机体轻微抖动，断火试验响声加重，则说明活塞销自由窜动。

c. 若急加速时，声响尖锐而清晰，断火试验响声减弱或消失，则很可能是活塞销折断。

5. 气门脚响

（1）故障现象。

急速时，在气门室处发出连续不断的有节奏的"嗒嗒嗒"声，响声清脆有节奏，易区分。若有多只气门脚响，则声音杂乱，且断火试验响声无变化。

（2）故障原因。

①气门脚润滑不良，或因磨损、调整不当造成气门间隙过大。

②气门间隙处两接触面不平。

③气门杆与气门导管配合间隙过大。

④摇臂轴配合松旷。

(3) 故障诊断。

①转速增高响声增大，节奏加快。急速、低速时响声明显，中速以上变得模糊杂乱。

②负荷、温度、缸位对气门脚无影响，断火试验异响无变化。

③急速下在气门室或气门罩处听诊异响非常明显，气门脚响清脆有节奏，在发动机周围就能听到较为清晰的响声。

④将气门室盖拆下，在急速时用适当厚度的厚薄规插入气门间隙处，若响声消失或减弱即可确诊为该气门间隙过大。

⑤插入厚薄规后，气门没有间隙，若响声不变，可用螺丝刀撬动气门杆，若响声消除，说明气门杆与导管磨损过甚。

6. 液压挺杆响

(1) 故障现象。

①发动机急速运转时发出有节奏的金属敲击声，中速以上响声减弱或消失。

②用听诊器察听，凸轮轴附近响声明显，断火试验，响声无变化。

(2) 故障原因。

①挺杆与导孔配合面磨损严重。

②挺杆液压偶件磨损。

③润滑油供油不足。

(3) 故障诊断与排除。

改变发动机转速并用听诊器察听响声的变化。急速时发动机顶部响声明显，中速以上响声减弱或消失，断火试验响声无变化，即为液压挺杆响。具体部位可用听诊器根据响声变化来判断。在启动时液压挺杆有不大的响声是正常的（润滑油未充分进入液压挺杆），发动机转速达到 2 500 r/min 后继续运转 2 min，若挺杆仍有响声，应先检查调整机油压力。若机油压力正常，则应更换液压挺杆。

7. 点火敲击响

(1) 故障现象。

汽油机空转急加速或负荷较大时，发出尖锐、清脆的"嘎啦嘎啦"的金属敲击响，好像几个钢球撞击的声音，随转速升高而逐渐消失。

(2) 故障原因。

主要原因为混合气过稀、汽油质量差、辛烷值太低、点火时间过早、压缩比过高、燃烧室积炭过多、发动机过热、负荷过大等。

(3) 故障诊断。

路试是诊断点火敲击响常用的可靠方法。热车后以最高挡最低稳定车速行驶，然后将加速踏板急速踩到底，如在急加速中发出"嘎啦嘎啦"的强烈响声并长时间不消失，而当稍抬加速踏板时响声又会立即减弱或消失，再加速时又重新出现，即可确诊为点火敲击响。

项目二 发动机的故障诊断与排除

汽车发动机零部件的磨损是不可避免的，在更换零部件的过程中经常需要拆卸各种型号的螺栓。一个人或一个企业对于大局来说，就如汽车里的一颗螺丝钉，汽车由于有许多螺丝钉的连固，才能以坚实整体运转，每个人或企业都应永不松懈，坚守阵地，再小的螺钉，也能为集体、国家注入无限能量。

四、典型故障

一辆轿车，行驶里程 8 万 km，发动机异响，客户反映冷车时车辆不好启动，启动 7～8 次才行，启动后发动机发出异响。车辆到店检查，发动机上部声音类似气门发出"咔嗒"的声音，异响随着发动机转速的升高加大，到 1 300～1 800 r/min 时声音最为明显。检查发动机控制系统，没有故障码，正常。怀疑是气门间隙过大，将气门室盖拆下检查气门间隙（图 2-1-1），发现都在规定范围内，没有异常出现。

图 2-1-1 检查气门间隙

经过客户同意，将气缸盖拆下，发现气缸活塞顶部靠近进气侧有和气门干涉的痕迹（图 2-1-2）。拆解气缸，在拆卸气门时难以抽出，并发现气门座位置有大量胶质（图 2-1-3）。至此，故障点找到，由于气门在导管内滑动不畅，单纯依靠气门弹簧弹力无法使气门复位，活塞与气门相撞产生异响。

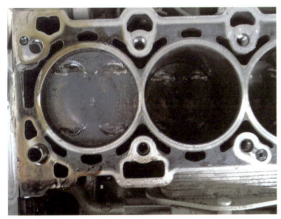

图 2-1-2 气缸活塞顶部靠近进气侧的和气门干涉的痕迹

图 2-1-3 气门座位置有大量胶质

汽车故障诊断技术

经过上述故障诊断后,确定故障原因应该是燃油品质不良,燃烧后产生的胶质过多,阻碍气门的滑动。

维修方案:清洗气缸盖。将气门拆下彻底清洗气缸盖,装车后问题解决。

五、本章小结

1. 发动机的异响与配合间隙、润滑条件、温度、负荷、转速等因素有关。
2. 发动机异响的诊断方法:人工直观试探法、仪器诊断法。
3. 不同发动机异响的故障诊断步骤。

实训工单 发动机异响的故障诊断

工作任务	发动机异响的故障诊断					学时	4
姓名		学号		班级		日期	
任务载体	活塞气缸磨损导致发动机异响						
任务要求	分析故障原因,制订工作计划,实施诊断和排除,从而掌握发动机异响的故障类型、故障原因、故障诊断排除方法						

1. 车辆信息

项目	信息	项目	信息
车型		发动机型号	
VIN 码		行驶里程	

2. 实训准备及设备初步检查

序号	检查项目	结果确认	序号	检查项目	结果确认
1	汽车停放位置与举升机状况确认		6	发动机机油液位、冷却液检查	
2	放置车轮挡块		7	蓄电池电缆接头检测	
3	连接尾气尾排		8	仪器设备准备	
4	放置车外三件套		9	测量工具准备	
5	放置车内三件套		10	技术资料准备	

3. 相关知识

(1) 发动机异响的定义是什么?异响的实质是什么?

_____
_____
_____
_____

项目二 发动机的故障诊断与排除

（2）仔细看下表，对照填写连杆轴承响、活塞敲缸声、活塞销响、气门脚响对应内容。

异响	听诊部位	特性分析	故障诊断	故障原因
主轴承异响	D-D 加机油口	1. 急加速发出沉重发闷有节奏的"铛铛铛"声。 2. 转速增加，响声增大。急加速明显。 3. 负荷加大，响声加大。负荷变化时明显。 4. 温度升高，响声加大。 5. 单缸断火不变（末道除外）。相邻缸断火明显减弱。 6. 跳火1次，发响2次。 7. 润滑不良加重，油压明显降低。 8. 伴随振抖现象	1. 抖动油门试验。 2. 断火试验。 3. 听诊。 4. 检查油压	1. 间隙过大。配合不良。 2. 润滑不良。 3. 瓦盖松动。 4. 轴承损坏。合金烧脱。 5. 曲轴弯曲

异响	听诊部位	特性分析	故障诊断	故障原因
连杆轴承响				
活塞敲缸声				
活塞销响				
气门脚响				

4. 故障现象确认

经确认，该车故障现象如下。

_____

_____

5. 故障诊断流程分析

经小组讨论，故障诊断流程如下。

_____

_____

_____

6. 实施诊断和修复

诊断项目	性能要求	检查结果	修复方法
诊断曲轴主轴承异响			
诊断连杆轴承响			

(续表)

诊断项目	性能要求	检查结果	修复方法
诊断活塞敲缸声			
诊断活塞销响			
诊断气门脚响			
诊断液压挺杆响			
诊断点火敲击响			
其他			

7. 检查修复质量

检查发动机修复质量。

8. 设备复位

序号	检查项目	结果确认	序号	检查项目	结果确认
1	收起车轮挡块		5	仪器设备复位	
2	收起尾气尾排		6	测量工具复位	
3	收起车外三件套		7	技术资料复位	
4	收起车内三件套		8	场地清洁	

9. 评价与反馈

(1) 学习小结。

序号	项目	操作内容	标准分	实际评分	备注
1	任务准备	实训准备及设备初步检查	10		
2	实施过程	故障解码仪读取故障码/数据流	30		
3	完成质量	测量数据准确、排除故障	20		
4	完成时间	90 min	10		
5	安全操作	个人防护、设备安全等	20		
6	5S工作	设备复位等	10		
		总分			

(2) 成绩评定。

小组评议等级：_____ 组长签名：_____

教师评议等级：_____ 教师签名：_____

课后习题

一、单选题

1. 活塞敲缸声在发动机的（　　）最明显。

A. 低速段　　　　B. 中速段　　　　C. 高速段　　　　D. 任意速段

2. 连杆轴承响在发动机的（　　）最明显。

　A. 低速段　　　　　　B. 中速段　　　　　　C. 高速段　　　　　　D. 任意速段

3. 发动机异响的常用诊断方法有（　　）。

　A. 人工直观试探法　　B. 仪器诊断法　　C. 以上都是

4. 一般主轴承响和连杆轴承响严重时，发动机机油压力（　　）。

　A. 上升　　　　　　　B. 下降　　　　　　　C. 不变　　　　　　　D. 都有可能

二、判断题

1. 发动机异响的本质是噪声。（　　）

2. 发动机异响的声音越大，异响的频次就越高。（　　）

3. 活塞磨损后，活塞敲缸声只和缸位相关，和温度无关。（　　）

4. 点火敲击响就是发动机爆震异响。（　　）

三、简答题

1. 简述活塞敲缸声的故障原因。

_____
_____
_____

2. 简述液压挺杆响故障诊断的步骤。

_____
_____
_____
_____

任务二　气缸密封性的检测

一、任务描述

一辆轿车，行驶里程 8 万 km，发动机加速无力，发动机故障指示灯不亮。如果主管让你先进行气缸压力检测，排除发动机本体机械故障，你能完成吗？

为了排除该故障，应完成以下内容：

（1）熟悉发动机气缸压力的定义等相关知识。

（2）在实车上对气缸压力进行测量。

（3）在实车上对气缸压力过低进行诊断与排除。

（4）完成并填写实训工单的相关项目。

二、学习目标

（一）知识目标

（1）掌握气缸压力的定义。

（2）能描述检测气缸压力的步骤。

汽车故障诊断技术

（3）能描述诊断并排除气缸压力低故障的思路及方法。

（二）技能目标

（1）能独立完成气缸压力的测量。
（2）能根据气缸压力测量结果判断其是否符合标准。
（3）能对气缸压力低的故障进行诊断与排除。

三、故障原因分析

（一）气缸压力概述

气缸压力（缸压）是判断发动机气缸密封性的重要和主要依据，通过测量气缸压力，可以诊断气缸工作性能。气缸压力指发动机压缩行程终了时，气缸内的气体压力。在一定的压缩比、转速和温度下，气缸压力与机油黏度，气缸活塞组的技术状况，配气机构调整的正确性以及气门、气缸垫的密封性等有关。

气缸压力不是固定不变的，不同车型发动机在不同转速、不同工况下，发动机气缸压力也不一样。如果气缸压力不正常，会产生发动机无法启动或工作不良等故障现象。

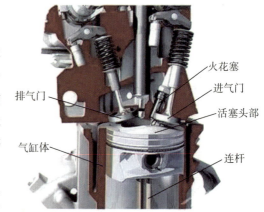

图 2-2-1　气缸剖面图

气缸密封性与气缸体、气缸盖、气缸垫、活塞、活塞环和进气门、排气门等零件的技术状况有关。图 2-2-1 为气缸剖面图。

（二）气缸压力过低的故障原因分析

1. 气门漏气

气门漏气引起缸压过低的故障部位和原因有：气门杆与气门座密封不严；气门弹簧或顶柱失效；气门间隙调整不当；气门积炭过多；气门杆或气门座缺损、变形。

2. 活塞漏气

活塞漏气引起缸压过低的故障部位和原因有：活塞环磨损、变形；活塞环装错；气缸筒磨损、拉伤、变形；活塞磨损，间隙大。

3. 缸盖漏气

缸盖漏气引起缸压过低的故障部位和原因有：缸盖螺栓力矩不足，缸盖松懈；缸盖变形；缸垫烧蚀；缸盖烧蚀；缸体、缸盖有裂纹。

4. 配气相位错误

配气相位错误引起缸压过低的故障部位和原因有：正时齿轮安装错误；齿轮键槽不正确；正时齿轮损坏或磨损过度；凸轮轴正时齿轮上的轮廓与轮松动；正时皮带跳齿或断裂。

（三）诊断思路与流程

1. 气缸压力过低故障诊断思路

气缸压力过低，会导致发动机动力性、经济性下降，产生汽车行驶无力、油耗增加、启动困难等故

项目二　发动机的故障诊断与排除

障。当气缸压力达到规定标准缸压的75%以下时，表明气缸磨损过度，发动机需要进行大修，而且各缸缸压与平均缸压差不得相差8%。

气缸压力降低的主要原因是气缸密封不严，引起气缸泄漏，造成气缸压力下降。

气缸压力偏低，可以通过缸压测量方式分析确定故障原因和部位。

2. 测量气缸压力的原则

(1) 测量气缸压力前，必须断开点火和喷油电路。

(2) 火花塞全部拆除。

(3) 发动机转速必须在300 r/min以上。

(4) 节气门必须全部打开。

(5) 每缸测量不得少于2次，取平均值。

(6) 发动机运行期间禁止测量气缸压力。

3. 检测方法

(1) 机油加注法。

当测量气缸压力过低时，可以从火花塞孔注入少量机油，运转一下发动机，再次测量，比较两者的差别，若是两次测量得到的缸压一样过低，故障在气门部位；若第二次测量气缸压力比第一次高，则故障在活塞环部位。

(2) 启动检测法。

在启动机刚运转时，气缸压力表的读数增大很小，随着启动机运转时间的增长，指针读数又慢慢增大，但增大值不大，最终指针不动，压力表的读数仍很低，以此可以判断故障为气门漏气。

在启动机刚转动时，气缸压力表的读数很小，但随着启动机运转时间的增长，气缸压力由低逐渐升高，但最终读数要比该气缸压力的标准值小，这时故障应为活塞漏气。

(3) 缸压比较法。

检测相邻两气缸的压力相等，且都偏低，故障原因为相邻两缸的气缸垫烧穿。

若各缸压力普遍偏低，故障原因可能为配气相位、正时错误。

4. 气缸压力的检测步骤

(1) 前期准备如图2-2-2所示。

图2-2-2　前期准备

(2) 车辆防护。

打开发动机舱盖，放置翼子板布和前格栅布，如图2-2-3所示。

汽车故障诊断技术

（3）断火。

分别拆卸4个点火线圈和火花塞，如图2-2-4所示。

图2-2-3　车辆防护

图2-2-4　断火

（4）断油。

断开喷油器连接器，防止测试时喷油器工作，如图2-2-5所示。

（5）检查气缸压缩压力。

将压力表插入火花塞孔，油门踩到底，点火2～3 s，记录压力表上读数，如图2-2-6所示。

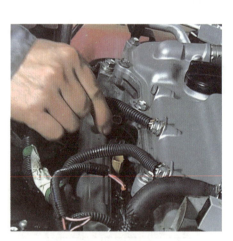

图2-2-5　断油

图2-2-6　检查气缸压缩压力

课程思政引入 ▶▶▶

　　汽车发动机零部件的磨损是不可避免的，而活塞环与气缸壁、气门与气门座等零件之间多出零点几毫米的配合间隙，都有可能造成汽车动力不足的故障。在大是大非面前要有严守零点几毫米的配合间隙的底线思想，有保护大局的意识。

项目二　发动机的故障诊断与排除

四、零部件检修

1. 气缸密封性与气缸体、气缸盖、气缸垫

气缸密封性与气缸体、气缸盖、气缸垫如图 2-2-7 所示。

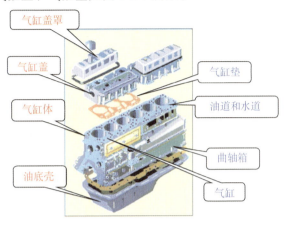

图 2-2-7　气缸密封性与气缸体、气缸盖、气缸垫

（1）气缸体。

气缸体上部用于安装气缸盖，下部用于安装油底壳，下部的空间也称曲轴箱。

气缸体是发动机的机体和骨架，它承受高压气体的作用力，而且发动机的所有零部件几乎都安装在气缸体上，因此要求气缸体应具有足够的刚度和强度。对气缸体常见损伤要及时发现及时修理，保证气缸体工作状态正常。气缸体常见损伤有四类：缸体螺纹孔损坏、气缸体上平面变形、气缸体裂纹、气缸磨损。

①缸体螺纹孔损坏。

a. 检查方法。

扭转螺栓会感觉难以拧紧，有松动感。若螺纹有 2 牙以上的损伤、全部螺纹有毛刺、螺纹旋入后松动量过大或者螺栓不能按规定的力矩旋紧，应对螺孔螺纹进行修理。

b. 修理方法。

将螺孔直径加大后，旋入加大的螺塞，再在螺塞上钻孔攻螺纹，还用原来的螺栓。

②气缸体上平面变形。

a. 检查方法。

将直尺放置在气缸体上平面上，用厚薄规测量直尺与气缸上平面之间的间隙。

使用极限：铝合金气缸体一般为 0.25 mm，铸铁气缸体一般为 0.10 mm。气缸体上平面不平度超过极限会引起漏水漏气，甚至冲坏气缸垫。

b. 修理方法。

气缸体不平度较小时，可刮磨修复；不平度较大时，可铣削加工。发现水套锈蚀、螺孔损伤等应修复或更换。

③气缸体裂纹。

a. 检查方法。

一般用水压法检查，即把气缸盖、气缸垫装在气缸体上，用水管与水压机相连，封住水口，在 200～400 kPa 的压力下，保持 5 min，应无渗水现象，否则应修理或更换。也可用染色渗透剂检查裂纹，将气缸体洗净后，将渗透剂喷于被检部位，若渗透剂渗入内部，说明该部位存在裂纹。

b. 修理方法。

应根据裂纹破裂程度、损伤部位以及实际技术能力确定裂纹的修理方法，常见方法有粘接、焊补和螺钉填补等。

i. 除燃烧室、气门座附近工作温度较高的部位外，其他部位的裂纹或破洞，可采用环氧树脂胶粘接修复。

ii. 如裂纹在受力不大的部位，并且裂纹的长度不超过 50 mm，也可采用螺钉填补。如裂纹较长或遇破洞，可用补板封补。

iii. 如裂纹在受力较大的部位，应用焊修法修复。

经修补的气缸体和气缸盖，仍需进行水压试验，确定无渗漏才能使用。

④气缸磨损。

a. 检查方法。

气缸缸径测量结果是判断发动机技术状态和修理尺寸的重要依据。检查时用 50～100 mm 的量缸表，在气缸的三个位置上，即气缸体上部距气缸上平面 10 mm 处、气缸中部和气缸下部距缸套下部 10 mm 处三点，进行横向和纵向的垂直测量，如图 2-2-8 所示。

图 2-2-8　气缸缸径测量

b. 修理方法。

当主轴承座孔的锥度、椭圆度或不同心度超限时，必须用镗削座孔的方法进行修理。

（2）气缸盖。

气缸盖的常见故障为平面翘曲变形，故需对其平面度进行测量（图 2-2-9）。平面一般采用铣、磨的加工方法予以修复。如变形量不大，可用砂轮进行手工推磨。

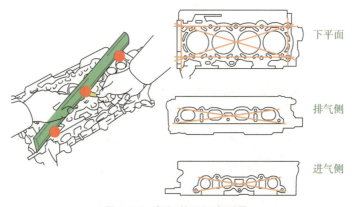

图 2-2-9　气缸盖平面度测量

(3) 气缸垫。

气缸垫常见故障为烧蚀,导致相邻两气缸出现串气故障,肉眼可直接观察到,直接更换新气缸垫即可。

2. 气缸密封性与活塞、活塞环

(1) 活塞。

活塞的常见损伤如下。

①活塞环槽磨损。随着活塞的高速往复运动,活塞环在环槽中一直拍击着活塞。在正常情况下,第一道环槽由于受高温、高压及气体腐蚀的影响最严重,磨损也最厉害。其下各道环槽的磨损依次减轻。

活塞环槽磨损过大,将造成高压混合气体窜入曲轴箱,破坏润滑油品质,降低发动机动力,还会造成润滑油窜入燃烧室等故障,严重时还会产生异响。

活塞环槽磨损如超过极限,一般通过更换活塞的方法解决;如未超过极限,可更换活塞环后继续使用,直至下次大修。

②活塞销孔磨损。由于活塞销孔主要承受上下方向的力,因此会造成活塞销孔磨损成椭圆形,且销孔上下方向的磨损最大。活塞销孔磨损过大会造成配合松旷并产生响声,严重时将会出现裂纹。

③活塞裙部磨损。活塞与气缸壁的接触仅在裙部,且在与活塞销轴线垂直的部位,此部位决定了活塞与气缸的配合间隙。活塞裙部在高压气体的作用下,受侧向力作用的一面,紧贴在气缸壁上,产生摩擦而磨损。正常工作时,这部分磨损一般为每1万千米磨损0.01~0.02 mm。

(2) 活塞环。

活塞环磨损特点:环端及外径磨损,弹力减弱,端隙、侧隙增大,密封性变差,导致出现窜气、漏气、窜油现象。

为确保活塞环与活塞环槽、气缸的良好配合,在选配时应进行活塞环的弹力检验、漏光检验、三隙检验(图2-2-10)。

图2-2-10 活塞环三隙的检验

3. 气缸密封性与气门

(1) 凭经验检验法。

检验前,将气门及气门座清洗干净,在气门锥面上用软铅笔均匀地画上若干条线,每线相隔约2 mm,然后与相配气门座接触,略压紧并转动气门45°~90°,取出气门,查看铅笔画的线条,如铅笔画的线条均被切断,则表示密封良好;否则,应重新研磨。

(2) 检验器检验法。

气门与气门座密封性检验器由气压表、空气容筒及橡皮球等组成。试验时,先将空气容筒紧密贴在头部周围,再压缩橡皮球,使空气容筒内具有一定压力(68.6 kPa左右),如果在30 s内气压表的读数不下降,则表示气门与气门座的密封性良好。

五、本章小结

（1）气缸压力指发动机压缩终了时，气缸内的气体压力。

（2）在一定的压缩比、转速和温度下，气缸压力与机油黏度、气缸活塞组的技术状况、配气机构调整的正确性及气门、气缸垫的密封性等有关。

（3）气缸压力过低的原因及相应零部件的检修。

（4）气缸压力检测步骤。

实训工单 气缸压力低的故障诊断

1. 车辆信息

项目	信息	项目	信息
车型		发动机型号	
VIN 码		行驶里程	

2. 实训准备及设备初步检查

序号	检查项目	结果确认	序号	检查项目	结果确认
1	汽车停放位置与举升机状况确认		6	发动机机油液位、冷却液检查	
2	放置车轮挡块		7	蓄电池电缆接头检测	
3	连接尾气尾排		8	仪器设备准备	
4	放置车外三件套		9	测量工具准备	
5	放置车内三件套		10	技术资料准备	

3. 故障现象确认

经确认，该车故障现象如下。
_____

4. 故障诊断流程分析

经小组讨论，故障诊断流程如下。
_____
_____
_____

5. 检测过程与分析

（1）基础检测。

序号	检测项目	结果确认	序号	检测项目	结果确认
1	蓄电池电压		4	油气管路连接	
2	仪表板故障灯		5	电气元件连接	
3	燃油量		6	故障码	

项目二　发动机的故障诊断与排除

(2) 进一步检测与排除。

项目	1缸	2缸	3缸	4缸	5缸	6缸
标准缸压						
测量结果						
平均缸压						
检查结果						

(3) 故障点及排除方法。

_____

_____

_____

6. 设备复位

序号	检查项目	结果确认	序号	检查项目	结果确认
1	收起车轮挡块		5	仪器设备复位	
2	收起尾气尾排		6	测量工具复位	
3	收起车外三件套		7	技术资料复位	
4	收起车内三件套		8	场地清洁	

7. 评价与反馈

(1) 学习小结。

序号	项目	操作内容	标准分	实际评分	备注
1	任务准备	实训准备及设备初步检查	10		
2	实施过程	故障解码仪读取故障码/数据流	30		
3	完成质量	测量数据准确、排除故障	20		
4	完成时间	90 min	10		
5	安全操作	个人防护、设备安全等	20		
6	5S工作	设备复位等	10		
		总分			

(2) 成绩评定。

小组评议等级：_____　　组长签名：_____

教师评议等级：_____　　教师签名：_____

课后习题

一、单选题

1. 气缸压力指发动机在（　　）行程时，气缸内的气体压力。

A. 进气　　　　　B. 压缩　　　　　C. 做功　　　　　D. 排气

2. 气缸压力偏低不会引起（　　）。

A. 动力不足　　　　　B. 油耗增加　　　　　C. 启动困难　　　　　D. 动力提升

二、判断题

1. 测量气缸压力前，无须断火断油。（　　）
2. 活塞环过度磨损不会引起气缸压力变低。（　　）
3. 测量气缸压力时，若所有气缸的单个气缸压力处理结果均符合要求，说明气缸压力正常。（　　）
4. 测量气缸压力前，油门应该踩到底，以保证测量结果尽可能准确。（　　）
5. 测量气缸压力时，每个气缸应测量至少2次并取平均值，以保证检测结果的准确性。（　　）

三、简答题

1. 测量气缸压力的原则有哪些？

_____
_____
_____

2. 如何判断气缸压力是否符合标准？

_____
_____
_____

任务三　冷却系统的故障诊断

一、任务描述

一辆轿车，行驶里程4万km，发动机启动后，冷却水的温度上升很快，且在汽车行驶过程中，水温表指针经常指在100 ℃以上并伴随冷却液沸腾现象。如果你是维修技师，能确定此故障并将其排除吗？

为了排除该故障，应完成以下内容：

（1）熟悉冷却系统的相关知识。

（2）在实车上对冷却系统进行部件及线路测试。

（3）在实车上对发动机水温高故障进行诊断与排除。

（4）完成并填写实训工单的相关项目。

二、学习目标

（一）知识目标

（1）能描述电控发动机冷却系统的工作原理。

（2）能描述检测电控发动机冷却系统电路的方法。

（3）能描述诊断并排除冷却系统故障的思路及方法。

（二）技能目标

（1）能检测和更换冷却液。

（2）能检测冷却系统电路故障。

（3）能根据工作原理分析冷却系统故障。

三、故障原因分析

（一）冷却系统工作原理

目前，主流车辆上基本都采用了强制水循环冷却系统，如威朗、君越等轿车，如图 2-3-1 所示，其组成主要有冷却风扇（有的装风扇离合器）、水泵、水套（在气缸盖或气缸体上制出的夹层空间）、散热器、百叶窗、节温器、冷却液温度表和水温传感器等。其原理是通过水泵驱使冷却液在冷却水道内不断循环流动，将水套中扩散过来的燃烧室内热量带走，并通过节温器、散热器、百叶窗、冷却风扇等零部件的协调工作，完成对发动机的预热和散热，以保证发动机在最适宜的温度下工作，不出现过热过冷现象。

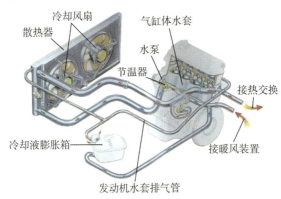

图 2-3-1　强制水循环冷却系统

（二）冷却系统故障原因分析

发动机冷却系统出现水温高故障，除了冷却液变质、泄漏或混入空气外，常与其冷却强度调整装置工作异常有关。冷却系统的冷却强度的调整方法：一是改变流经散热器的空气流量和流速，可通过调整百叶窗开度或冷却风扇转速来实现；二是改变冷却液的流量和循环路线，可利用节温器来控制发动机冷却液的大小循环路线。因此，出现此类故障可重点检查百叶窗、冷却风扇、散热器和节温器等。

故障车为发动机水温高故障，维修技师对故障车进行验车后，结合故障现象进行了故障原因分析，并绘制了故障诊断流程图。

1. 故障现象

发动机高温报警，同时可能出现汽车动力下降、发动机开锅、防冻液沸腾变质、冷却风扇狂转、汽车熄火不易着车等现象。

2. 故障原因

（1）节温器打不开。

（2）散热器脏。

（3）风扇不转。

（4）气缸垫损坏。

（5）缺防冻液。

（6）冷却水路中有空气。

3. 故障诊断

综合以上故障原因，依据先简单后复杂等故障诊断原则，对于发动机水温高故障，诊断流程如图 2-3-2 所示。

（1）检查冷却液的液面高度是否符合规定，以及冷却液中的锈皮或水垢是否过多等。若防冻液水垢过多，应清洗水箱，或加入清洁剂清洁。

（2）检查冷却水管是否泄漏。

（3）检查散热器表面是否有脏污、堵塞。

（4）检查水泵上皮带轮传动带张紧力是否合适。

（5）对冷却系统进行泄漏测试。

（6）检查发动机冷却液是否太稀。使用冰点仪测试冷却液冰点是否符合要求。

（7）检查冷却风扇是否有故障不能工作。使用 TECH2 指令让风扇低速、高速转动，如果不转，检修低速、高速对应的控制电路及风扇。

（8）检查节温器是否卡滞在关闭位置。

（9）检查水泵是否出现故障。水泵轴承是否松旷、有异响、磨损等。

（10）检查冷却风扇是否有故障不能工作。

（11）检查点火时间是否过晚。

（12）检查气缸是否漏气。

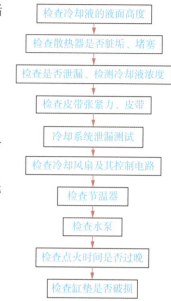

图 2-3-2　发动机水温高诊断流程图

四、典型故障

维修技师按照故障诊断流程图对本案例故障车的故障进行了诊断与排除。

首先对冷却液液位进行了检查，其液位位于最高和最低刻度线之间（图 2-3-3），说明液位正常。取几滴冷却液进行冰点测量（图 2-3-4），冰点仪显示冷却液冰点为 −32 ℃，说明冷却液未出现明显变质，仍可继续使用，无须更换。随后进行冷却系统泄漏测试和散热器盖压力测试，均未发现异常。散热器表面无明显脏污，水泵正常工作且其上皮带轮传动带可旋转约 90°，说明传动带张紧力正常。

图 2-3-3　冷却液液位

图 2-3-4　冷却液冰点测量

然后对冷却风扇进行检查。通过查阅维修手册，确定冷却风扇的电路图。其工作时分为高速和低速两个挡位。通过保险丝 6 和 21，继电器 9、10 和 12 进行挡位的切换，检查以上保险丝和继电器后发现均正常，冷却风扇可正常运转，故可排除冷却风扇影响。

项目二　发动机的故障诊断与排除

拆下故障车的节温器进行检查，该故障车采用蜡式节温器。检查节温器的功能是否正常时，可将节温器和温度计放入盛有热水的容器中逐渐加热，观察节温器阀门开启温度和升程（图 2-3-5）。当冷却液温度为（85±2）℃时，节温器应开始打开；冷却液温度达到（102±3）℃时节温器阀门升程应不小于 7 mm，故障车的节温器阀门升程为 6.44 mm，说明节温器已损坏。

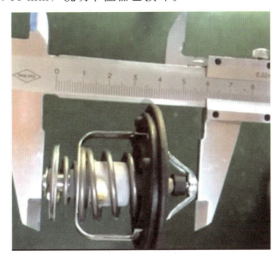

图 2-3-5　节温器的检查

最后，经过以上检查，确认故障点为节温器损坏。
维修方案：更换节温器。
故障车更换节温器后，故障消失。

五、零部件检修

（一）冷却风扇

转速可以控制的冷却风扇有两种：电动冷却风扇和硅油冷却风扇离合器，目前在轿车上大多采用电动冷却风扇。电动冷却风扇一般由电动冷却风扇温度感应器、风扇、电动机、风扇和电动机控制开关组成。电动机由装在散热器上的热敏开关控制，并且有高速和低速两个挡，低速挡在沸点内使用，高速挡在沸点外使用，需要冷却时自动起作用。在一般行驶条件下，电动冷却风扇几乎不转，功率消耗小，油耗低，而在低速大负荷时又能使车辆得到充分的冷却。

电动冷却风扇的电源不受点火控制，因此，发动机熄火后，当散热器中冷却液的温度处于 88～93 ℃ 范围内时，电动冷却风扇运转是正常的，此时电动冷却风扇处于低速挡；当散热器中冷却液的温度高于 93 ℃时，电动冷却风扇切换到高速挡。图 2-3-6 为电动冷却风扇电路图。冷却液温度低于 88 ℃时，风扇若仍在运转，则是不正常的；冷却液温度高于 93 ℃时，风扇若不能运转，也是不正常的。

当出现冷却风扇不运转或运转不正常时，可按以下步骤进行检查。

（1）首先检查电动冷却风扇保险丝。若保险丝完好，则应检查温控开关，将温控开关短接，若此时风扇转动，说明开关损坏。

（2）若风扇仍不转动，找到电动冷却风扇继电器，可用一条电线将继电器插座上触点的两个插孔短接，同时查看电动冷却风扇是否在运转，如果没有在运转，可能是风扇电动机损坏。

（3）拆下风扇电动机的导线插头，用两条导线连接电池和万用表电流挡直接给风扇电动机通电，如果电流为零，风扇电动机不转，说明风扇电动机线圈断路；如果电流过大，说明风扇电动机线圈短路。

（4）拔下风扇电动机的导线插头，直接用万用表电阻挡的两表笔测量风扇电动机线圈的电阻值：如果电阻值为零，说明风扇电动机线圈短路；如果电阻值为无穷大，说明风扇电动机线圈断路。

（5）当空调工作时电动冷却风扇维持常转，因此当散热风扇因故障停止转动时应立即停止使用空调。

（6）固定电动冷却风扇停转温度，当发动机降低负荷、冷却液温度下降时，电动冷却风扇将从高挡降至低挡转动，直至停止转动。当发动机冷却后降低至一定温度时，低挡风扇将停止转动，桑塔纳轿车风扇停转温度为 88～93 ℃。

电动冷却风扇的工作情况不正常则应拆下修理或更换。

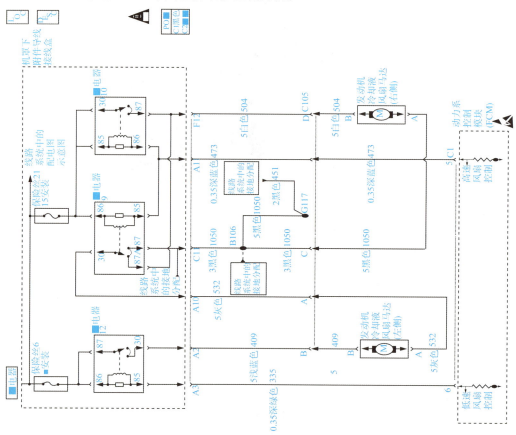

图 2-3-6　电动冷却风扇的电路图

（二）水温传感器

水温传感器是一种负温度系数的热敏电阻传感器，其温度检测范围一般为－40～140 ℃。其一般安装在发动机的出水管上，用于检测发动机水温的高低，而且将实时的数据传递到 ECU，当 ECU 接收到水温低的信号时，它就会控制冷却系统进行冷却工作。若发动机出现水温高或水温低故障，则水温传感器则会发送相应的低/高电压信号给 ECU，并形成对应的故障码（图 2-3-7）。

P0118	发动机冷却液温度传感器电路高电压	症状: 无故障症状 故障码状态: 历史 测试完成: 是 故障灯需要: 否

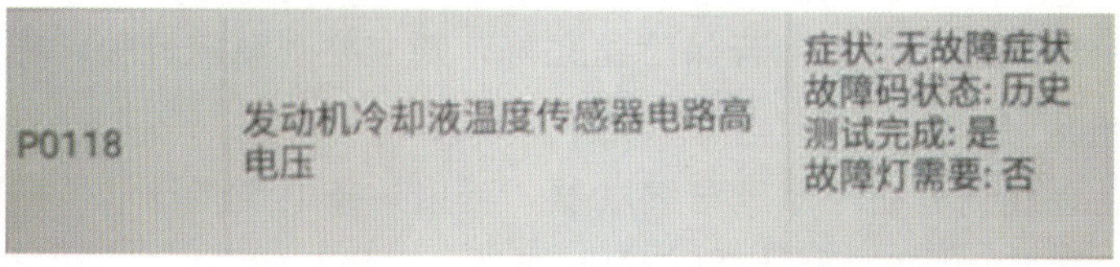

图 2-3-7　发动机水温低故障码

需要注意的是，当水温传感器出现损坏或接触不良等故障时，会导致冷却系统出现误报警，即“假

项目二 发动机的故障诊断与排除

故障"。因此，当系统出现冷却系统水温低或水温高报警时，不要盲目对冷却系统进行拆检，一定要先结合水温传感器本体及其数据流进行故障真假的甄别（图 2-3-8），若发动机数据流显示－40 ℃或 140 ℃的极限测量温度，一般为水温传感器出现断路或短路故障，可通过检测水温传感器的电阻或供电进行验证。应排除水温传感器故障后再进行冷却系统的拆检。

图 2-3-8 发动机水温低数据流

六、本章小结

1. 发动机冷却系统的组成和工作原理。
2. 发动机水温高的故障原因：节温器打不开、散热器脏、风扇不转、气缸垫损坏、缺防冻液、冷却水路中有空气。
3. 发动机水温高故障的诊断步骤。

实训工单　发动机水温高故障诊断

1. 车辆信息

项目	信息	项目	信息
车型		发动机型号	
VIN 码		行驶里程	

2. 实训准备及设备初步检查

序号	检查项目	结果确认	序号	检查项目	结果确认
1	汽车停放位置与举升机状况确认		6	发动机机油液位、冷却液检查	
2	放置车轮挡块		7	蓄电池电缆接头检测	
3	连接尾气尾排		8	仪器设备准备	
4	放置车外三件套		9	测量工具准备	
5	放置车内三件套		10	技术资料准备	

汽车故障诊断技术

3. 故障现象确认

经确认,该车故障现象如下。

_____

4. 故障诊断流程分析

经小组讨论,故障诊断流程如下。

_____
_____
_____

5. 检测过程与分析

(1) 基础检测。

序号	检测项目	结果确认	序号	检测项目	结果确认
1	蓄电池电压		4	油气管路连接	
2	仪表板故障灯		5	电气元件连接	
3	燃油量		6	故障码	

(2) 进一步检测与排除。

序号	检测项目	检测工况/方法	测量参数	结果分析
1	读取发动机故障码及冷却系统数据流,确定故障码真假			
2	检测水温传感器			
3	检测冷却液品质			
4	检测皮带轮及张紧力			
5	冷却系统泄漏测试和散热器盖压力测试			
6	检测冷却风扇及其控制电路			
7	检测节温器是否正常			
8	检测水泵是否正常			

(3) 故障点及排除方法。

_____
_____
_____

6. 设备复位

序号	检查项目	结果确认	序号	检查项目	结果确认
1	收起车轮挡块		5	仪器设备复位	
2	收起尾气尾排		6	测量工具复位	
3	收起车外三件套		7	技术资料复位	
4	收起车内三件套		8	场地清洁	

7. 评价与反馈

（1）学习小结。

序号	项目	操作内容	标准分	实际评分	备注
1	任务准备	实训准备及设备初步检查	10		
2	实施过程	故障解码仪读取故障码/数据流	30		
3	完成质量	测量数据准确、排除故障	20		
4	完成时间	90 min	10		
5	安全操作	个人防护、设备安全等	20		
6	5S 工作	设备复位等	10		
		总分			

（2）成绩评定。

小组评议等级：_____   组长签名：_____

教师评议等级：_____   教师签名：_____

课后习题

一、填空题

1. 汽油发动机负责调节大小循环的零件为_____节温器。

2. 发动机冷却系统的防冻液一般为乙二醇和蒸馏水的混合液，长期使用之后，防冻液会出现稀释现象，一般可借助冰点仪_____进行检测，其冰点若高于－27 ℃则需要更换防冻液。

3. 某发动机所使用的防冻液冰点为－40 ℃，沸点为 140 ℃。若该发动机的水温传感器断路，则发动机会出现_____（高压/低压）信号输入的故障代码，数据流读取此时的发动机水温为－40 ℃；若水温传感器短路，则发动机会出现_____（高压/低压）信号输入的故障代码，数据流读取此时的发动机水温为 140 ℃。

二、判断题

1. 发动机过热只与冷却系统有关，与点火系统无关。（ ）

2. 发动机水温高温报警，冷却风扇若正常应不转动。（ ）

3. 节温器常开，不会导致发动机水温高。（ ）

4. 冷却水道中有空气，不会导致发动机水温高。（ ）

5. 发动机因冷却液不足引起水温高，为保护水道内不产生水垢，即使发动机冷却系统无水运行，也不要随意加注自来水。（ ）

三、简答题

结合图 2-3-6，简述冷却风扇高速挡与低速挡工作原理。

任务四　润滑系统的故障诊断

一、任务描述

一辆轿车，行驶里程5万km，出现机油压力过低报警故障。如果你是维修技师，能确定此故障并将其排除吗？

为了排除该故障，应完成以下内容：
（1）熟悉润滑系统的相关知识。
（2）在实车上对润滑系统进行零部件检查。
（3）在实车上对发动机机油压力报警故障进行诊断与排除。
（4）完成并填写实训工单的相关项目。

二、学习目标

（一）知识目标

（1）能描述电控发动机润滑系统的工作原理。
（2）熟悉检测电控发动机润滑系统常见的故障现象和故障原因。
（3）能诊断并排除电控发动机润滑系统故障的思路及方法。

（二）技能目标

（1）能测试机油压力。
（2）能独立完成更换机油的操作。
（3）能根据润滑系统的工作原理分析润滑系统故障。

三、故障原因分析

（一）润滑系统工作原理

润滑系统（图2-4-1）由机油泵、机油滤网、油底壳、机油滤清器、机油散热器、机油压力传感器等组成，负责将润滑油送到运动部件（凸轮轴、活塞环与气缸壁、曲轴）表面实现润滑，主要作用有：润滑、清洁、冷却、密封、防锈蚀、液压等。机油的品质直接影响润滑的效果，根据机油的基础油和添加剂的种类、比例等的不同，机油的适用环境和更换周期都不一样。

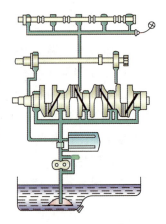

图2-4-1　润滑系统

（二）润滑系统常见故障

1. 机油压力过低故障

（1）故障现象。
①发动机启动后，机油压力很快降低，机油报警灯亮。
②发动机运转过程中机油压力始终过低。

项目二　发动机的故障诊断与排除

③油底壳机油被稀释，油面增高，机油黏度变小，带有浓厚的汽油味或水泡味。

（2）故障原因。

①油底壳内机油不足。

②机油黏度小，不符合要求。

③泄漏。机油进回油管接头松动或油管破裂，曲轴前油封、后油封、凸轮轴油封等密封不良，油底壳衬垫、气门室罩盖垫、正时齿轮室盖衬垫渗漏等。

④机油滤清器旁通阀不密封，或其弹簧折断，或弹力不足。

⑤机油泵磨损严重，限压阀调整不当、其弹簧折断或弹力不足，使供油压力过低。

⑥机油集滤器堵塞。

⑦曲轴主轴承、连杆轴承或凸轮轴轴承间隙过大。

⑧机油压力表或其传感器失效。

（3）故障诊断。

机油压力过低故障诊断流程图如图 2-4-2 所示。若问题为机油压力始终过低，则进行以下步骤。

①检查机油量是否不足。

②检查机油黏度是否过小。

③若机油量充足，黏度正常，外部无泄漏，则检查机油压力表及其传感器。

④拆下机油传感器，接入机油压力表，测量机油压力。

⑤检查机油滤清器旁通阀是否堵塞不能开启。

⑥拆下油底壳，检查集滤器是否堵塞，机油进油管接头是否松动或油管破裂。

⑦检查机油泵是否磨损严重。

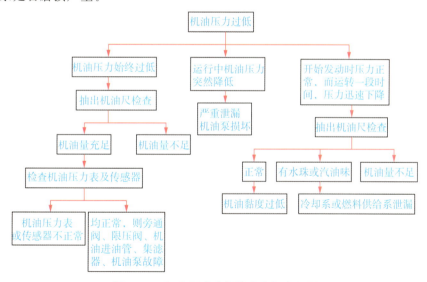

图 2-4-2　机油压力过低故障诊断流程图

2. 机油压力过高故障

（1）故障现象。

发动机温度、转速正常，机油压力表读数经常高于 400 kPa。

（2）故障原因。

①机油黏度过大。

②调压阀调整不当。

汽车故障诊断技术

③主轴承和连杆轴承间隙过小，主油道堵塞。

④机油压力传感器故障。

（3）故障诊断。

机油压力过高故障诊断流程图如图2-4-3所示。

①通电但不启动发动机，检查机油压力表。

a. 若有压力指示，则检查机油压力表及其传感器。

b. 若无压力指示，则检查机油黏度，黏度过大，则更换机油；黏度正常，则检查限压阀是否损坏及各轴承是否存在间隙过小问题，如有，予以修理。

②若机油压力过高故障为突然出现，则检查机油滤清器滤芯和旁通阀是否堵塞，油路是否堵塞，如有，予以更换或修理。

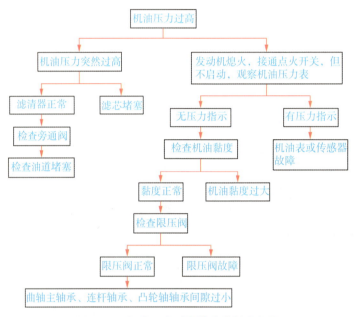

图 2-4-3　机油压力过高故障诊断流程图

3. 机油消耗过多故障

（1）故障现象。

机油消耗量超过规定值，排气冒蓝烟，气缸内积炭增多。

（2）故障原因（图2-4-4）。

①漏油（各油管及接头处开裂变形等）。

②烧机油。

图 2-4-4　机油消耗过多的故障原因

（3）故障诊断。

机油消耗过多故障诊断流程图如图2-4-5所示。

①检查机油是否存在泄漏，如有，则予以修理。

②若无机油泄漏，则检查尾气及机油加注口烟色。

a. 若尾气及机油加注口烟色均正常，说明机油消耗过多是由曲轴箱强制通风不良引起的，需对该系统进行检查。

b. 若尾气排蓝烟，机油加注口不冒烟，说明气门油封损坏，需更换。

c. 若尾气及机油加注口烟色均冒蓝烟，说明活塞环与气缸壁之间间隙过大，需对活塞、活塞环及气缸的磨损进行检查修理。

项目二 发动机的故障诊断与排除

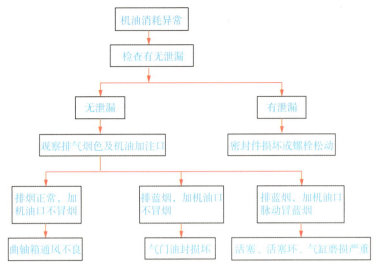

图 2-4-5 机油消耗过多故障诊断流程图

4. 机油变质故障

(1) 故障现象。

机油颜色变黑、黏度下降或上升；添加剂性能丧失，含有水分；机油乳化，呈乳浊状并有泡沫。

(2) 故障原因。

①机油氧化：机油使用时间太长；滤清器性能不良。

②燃气与尾气的影响：活塞、活塞环与气缸壁的密封不良；曲轴箱通风不良。

③机油乳化：发动机缸体或缸垫漏水。

(3) 故障诊断。

机油变质故障诊断流程图如图 2-4-6 所示。

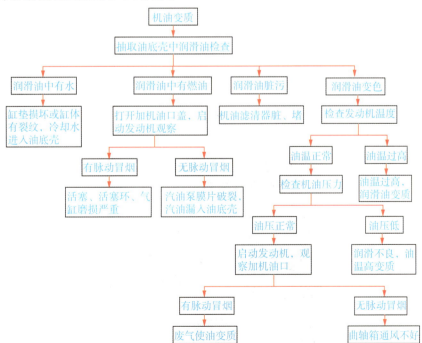

图 2-4-6 机油变质故障诊断流程图

汽车故障诊断技术

检查机油变质的具体情况。

①若机油中混有水，一般是由发动机气缸垫烧蚀导致油道与水道串联引起的，需更换气缸垫。

②若机油中混有燃油，一般是由曲轴箱窜气量过大引起的，需检查活塞环与气缸壁，并视情况进行修理。

③若机油中混有大量杂质，一般是由机油滤清器失效引起的，需更换机油滤清器滤芯。

④若机油变色，应检查热车运行一段时间后油底壳内机油温度是否正常。若温度过高，说明是发动机冷却系统散热不良引起的机油变质，需对冷却系统进行诊断与维修；若正常，应检查机油压力，压力低说明是油量不足导致润滑不良引起的机油高温变色，压力正常则一般是由曲轴箱窜气量过大或曲轴箱通风不良引起的。

课程思政引入 ▶▶▶▶

机油被称作发动机的"血液"。人的血液出现问题，会带来各种疾病，而发动机的机油出现问题，也会导致发动机出现各种故障。想要延长发动机的使用寿命，就要做好润滑系统的保养。我们只有做到"两个维护"才能保证在中国特色社会主义道路上越走越好。

四、典型故障

客户反映在行驶过程中发现故障车发动机加速到 2 000 r/min 时，出现机油报警。维修技师初步检测了机油油量，发现机油液位正常且无异味和变质问题，随后对机油压力进行了测量，发现怠速时机油压力只有 40 kPa，机油压力明显偏低，加大油门后，发动机转速提高但机油压力始终偏低。加速至 2 000 r/min 时机油压力仅为 160 kPa。查阅维修手册可知，正常情况下，发动机 2 000 r/min 时机油压力应为 270～450 kPa，故障车机油压力明显偏低。

结合以上检查结果，维修技师判断故障可能与机油滤清器堵塞或机油泵磨损有关，经客户同意后，更换了机油滤清器和机油泵，机油压力略有提升但机油压力仍然过低。随后在检查机油滤清器底座时维修技师发现有金属片卡在限压阀上（图 2-4-7），将异物取出后检查限压阀无卡滞。重新测量机油压力后，怠速油压 400 kPa，加速至 2 000 r/min 时机油压力仅为 370 kPa，机油压力恢复正常，系统不再报警，故障排除。

综上所述，故障车机油压力过低是由于限压阀被金属片卡住，导致限压阀关闭不严，开启压力降低，进而造成机油压力过低故障。

图 2-4-7 金属片卡在限压阀上

五、零部件检修

（一）润滑系统零部件的常见故障

润滑系统零部件的常见故障见表 2-4-1。

表 2-4-1 润滑系统零部件的常见故障

零部件名称	功能	零部件常见故障	车辆故障现象
机油泵	建立压力润滑和润滑油循环所必需的油压	磨损泄漏	机油压力足、指示灯亮
机油滤网	滤除润滑油中直径较大的杂质	堵塞	机油压力足、指示灯亮
油底壳	储存润滑油	泄漏、凹陷	机油压力足、指示灯亮
机油滤清器	滤除润滑油中的杂质	堵塞	机油压力低、指示灯亮
机油散热器	降低机油温度	泄漏	机油压力低、指示灯亮
机油压力传感器	检测并通过仪表显示机油压力	卡滞、断路	指示灯常亮或不亮

（二）润滑系统专项技能

1. 机油油量检测

将车辆停放在水平的路面，发动机熄火超过 5 min，拔出机油尺并擦净，重新将机油尺插入到位，拔出机油尺检查机油量，液面若在上限和下限两个标线之间，则属于正常范围，若低于下限则应添加指定型号的机油，加油后的液面不能高于上限（图 2-4-8）。

2. 机油黏度检查

在规定条件下将使用中的机油滴一滴到滤纸中心，油内各种杂质会随着油的浸润向四周扩散，杂质的粒度不同，扩散的远近也不同，因而在滤纸上形成颜色深浅不同的环形斑点，从内到外依次为：沉积环、扩散环、油环（图 2-4-9）。鉴别方法：如果沉积环与扩散环的杂质浓度及颜色差别小，说明机油中杂质粒度小，且清净分散剂性能良好；如果沉积环与扩散环的杂质浓度及颜色差别大，说明机油中杂质粒度大，且清净分散剂性能丧失。

图 2-4-8　机油油量检测

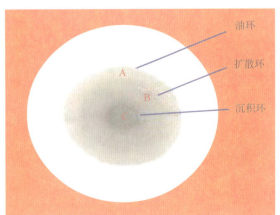

图 2-4-9　机油黏度检查

3. 机油压力检查

（1）断开机油压力开关的线束插头，并拆下机油压力开关。

（2）将机油压力检测仪（油压表）旋入空出来的螺纹孔内，如图2-4-10所示。

（3）固定好发动机转速表。

（4）启动发动机并预热到正常工作温度（80 ℃）。

（5）查看发动机机油压力。怠速时，发动机油压应超过400 kPa；提速至2 000 r/min时，油压应超过270 kPa。

（6）重新安装机油压力传感器前，记住在开关螺纹处缠上密封胶带，并按规定的力矩拧紧开关。

（7）启动发动机并检查机油压力开关是否漏油。

（8）关闭发动机，将端子与压力开关端子相连并用护罩将机油压力开关罩好。

图2-4-10　机油压力检查

4. 机油消耗量的检测

（1）油标尺检测法。

①车辆置于水平硬路面上，预热发动机至正常温度。

②将发动机熄火，加注机油至规定的液面高度，注意机油标尺上刻线位置。

③驾车上路行驶，当机油消耗至油标尺下限或行驶一定里程时，停车检测。

④按相同条件，再加注机油至规定的液面高度，即达到机油标尺上规定刻线位置，计算第二次所加机油的量，即为机油消耗量。

（2）质量检测法。

①车辆置于水平硬路面上，预热发动机至正常温度。

②将发动机熄火，打开放油堵，放出机油池内的机油，一直放到机油成油滴状，拧上放油堵。

③将已知质量的机油加入机油池到规定的液面。

④驾车上路行驶，当机油消耗至油标尺下限或行驶一定里程时，停车检测。

⑤按同样的测试条件，放出机油池内的在用机油，并称量出其质量，这样，就可以计算出加入和放出的质量之差，即为机油消耗量。

六、本章小结

（1）润滑系统由机油泵、机油滤网、油底壳、机油滤清器、机油散热器、机油压力传感器等组成，主要作用有：润滑、清洁、冷却、密封、防锈蚀、液压等。

（2）润滑系统常见故障包括机油压力过低、机油压力过高、机油消耗过多和机油变质等。

（3）润滑系统常见故障的故障原因及故障诊断流程图。

（4）机油压力的检测步骤。

项目二　发动机的故障诊断与排除

实训工单　机油压力过低的故障诊断

1. 车辆信息

项目	信息	项目	信息
车型		发动机型号	
VIN 码		行驶里程	

2. 实训准备及设备初步检查

序号	检查项目	结果确认	序号	检查项目	结果确认
1	汽车停放位置与举升机状况确认		6	发动机机油液位、冷却液检查	
2	放置车轮挡块		7	蓄电池电缆接头检测	
3	连接尾气尾排		8	仪器设备准备	
4	放置车外三件套		9	测量工具准备	
5	放置车内三件套		10	技术资料准备	

3. 故障现象确认

经确认，该车故障现象如下。

_____

4. 故障诊断流程分析

经小组讨论，故障诊断流程如下。

_____

_____

_____

5. 检测过程与分析

（1）基础检测。

序号	检测项目	结果确认	序号	检测项目	结果确认
1	蓄电池电压		4	油气管路连接	
2	仪表板故障灯		5	电气元件连接	
3	燃油量		6	故障码	

（2）进一步检测与排除。

序号	检测项目	检测工况/方法	测量参数	结果分析
1	检测机油油量及品质			
2	检测机油是否泄漏			
3	检测加油压力表及传感器是否故障			
4	检测机油滤清器			

（续表）

序号	检测项目	检测工况/方法	测量参数	结果分析
5	检测机油泵			
6	检测旁通阀、限压阀等			

（3）故障点及排除方法。

_____

_____

_____

6. 设备复位

序号	检查项目	结果确认	序号	检查项目	结果确认
1	收起车轮挡块		5	仪器设备复位	
2	收起尾气尾排		6	测量工具复位	
3	收起车外三件套		7	技术资料复位	
4	收起车内三件套		8	场地清洁	

7. 评价与反馈

（1）学习小结。

序号	项目	操作内容	标准分	实际评分	备注
1	任务准备	实训准备及设备初步检查	10		
2	实施过程	故障解码仪读取故障码/数据流	30		
3	完成质量	测量数据准确、排除故障	20		
4	完成时间	90 min	10		
5	安全操作	个人防护、设备安全等	20		
6	5S工作	设备复位等	10		
		总分			

（2）成绩评定。

小组评议等级：_____　　组长签名：_____

教师评议等级：_____　　教师签名：_____

课后习题

一、单选题

1. 以下是可能导致机油压力过低的原因，除了（　　）。

A. 机油黏度过低　　　　　　　　　B. 限压阀弹簧弹力过小

C. 曲轴轴承间隙过小　　　　　　　D. 机油滤清器堵塞

项目二　发动机的故障诊断与排除

2. 正常工作的发动机其机油泵的限压阀应该是（　　）。

A. 热机时关、冷机时开　　　　　　B. 经常处于溢流状态

C. 经常处于关闭状态　　　　　　　D. 热机时开、冷机时关

3. 下列各项不是机油消耗异常的原因的是（　　）。

A. 活塞与缸壁配合间隙过大　　　　B. 活塞与缸壁配合间隙过小

C. 气门导管磨损严重　　　　　　　D. 油底壳漏油

二、判断题

1. 机油的更换时间仅仅由行驶里程决定。（　　）

2. 润滑油路中的油压越高越好。（　　）

3. 发动机润滑系统中旁通阀的作用是在机油粗滤器堵塞时，开启使机油通过，以确保发动机各部分的正常润滑。（　　）

4. 一般情况下，发动机机油液位不会降低，所以如果降低就说明漏油。（　　）

5. 润滑系统中机油压力随着温度的升高而降低。（　　）

任务五　燃油系统的故障诊断

一、任务描述

一辆轿车，行驶里程5万km，启动机正常，曲轴运转正常，点火系统工作正常，发动机无法启动。如果你是维修技师，能确定此故障并将其排除吗？

为了排除该故障，应完成以下内容：

（1）熟悉燃油系统的相关知识。

（2）在实车上对燃油系统进行部件及线路测试。

（3）在实车上对发动机不能启动故障进行诊断与排除。

（4）完成并填写实训工单的相关项目。

二、学习目标

（一）知识目标

（1）能描述发动机燃油系统的工作原理。

（2）能描述检测电控发动机燃油系统电路的方法。

（3）能描述诊断并排除燃油系统故障的思路及方法。

（二）技能目标

（1）能进行燃油压力的检测。

（2）能检测燃油系统电路故障。

（3）能根据电路原理图分析燃油系统故障。

汽车故障诊断技术

三、故障原因分析

(一) 工作原理

燃油供给系统由燃油箱、燃油滤清器、电动燃油泵、电动燃油泵控制电路和喷油器等组成。

一般轿车燃油供给系统各部件在车身上的安装位置基本相同,图 2-5-1 所示为某车型燃油供给系统各部件在车身上的布局。

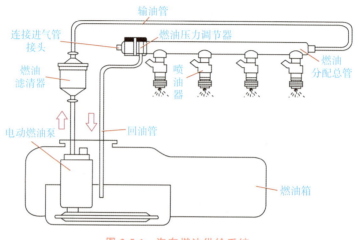

图 2-5-1 汽车燃油供给系统

1. 燃油箱

燃油箱即燃油储存装置,对耐腐蚀性要求高。早期的燃油箱大多由金属材料制成,后来多改用合成材料以满足轻量化及结构设计的要求。在弯道行驶、倾斜路面或受到冲击时燃油不应从加液的密封盖或压力平衡装置流出。燃油箱必须离开发动机安装,以免在出现交通事故时点燃燃油。因此,常见轿车的燃油箱一般安装于后排座椅的后下部,壳体采用高密度聚乙烯吹塑成型,其优点是抗冲击、耐腐蚀、质量轻、易成型,并且结构紧凑、位置隐蔽,提高了汽车的行驶安全性。其扁平的结构降低了高度,增加了装油量,增加了汽车的行驶里程。

2. 燃油滤清器

燃油滤清器位于输油泵的出口一侧,工作压力较高,通常采用金属外壳。目前,燃油滤清器普遍采用微孔纸质滤芯,经酚醛树脂处理,制成折叠筒式,具有通过性能好、滤清效率高、结构简单、成本低、保养容易等优点。燃油滤清器主要作用是将燃油中的水分和杂质滤除。燃油滤清器是电喷系统的重要零部件,只有原厂配套或超出配套品质的燃油滤清器才能提供电喷系统要求的清洁燃油,从而使发动机性能达到最优化,同时也给发动机提供了最佳保护。燃油滤清器的结构如图 2-5-2 所示(箭头方向为燃油流向)。

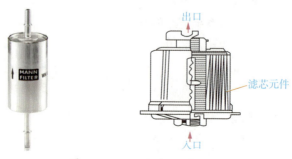

图 2-5-2 燃油滤清器

项目二 发动机的故障诊断与排除

3. 电动燃油泵

电动燃油泵的作用是将燃油从油箱中吸出,加压后经喷油器喷入发动机进气管或气缸内。燃油泵根据安装位置不同分为外装泵和内装泵两种。外装泵是将泵装在油箱之外的输油管路中,内装泵则是将油泵安装在燃油箱内。与外装泵相比,内装泵不易产生气阻和燃油泄漏,且噪声小。目前大多数电控燃油喷射系统采用内装泵,驱动油泵电动机与泵做成一体,装在壳体内。工作时泵内充满燃油,故也称为湿式燃油泵。

按燃油泵结构形式,燃油泵可以分为滚柱式、涡轮式、侧槽式和转子式。其中,滚柱式燃油泵在外装式和内装式中都有采用,但滚柱式燃油泵泵油时,油压脉动大,必须有油压脉动衰减器,近年来已很少采用,目前,轿车上大多采用涡轮式内装泵。

涡轮式电动燃油泵主要由电动机、涡轮泵、泄压阀、出油阀等组成,如图 2-5-3 所示。电动机通电即带动泵体旋转,将燃油从进油口吸入,流经电动燃油泵内部,再从出油口压出,给燃油系统供油。

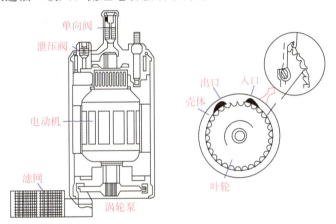

图 2-5-3 油箱内安装的涡轮式电动燃油泵

注意:油泵内的电动机是用燃油冷却和润滑的,因此,油箱内油面一定不能低于规定值,以免电动机烧毁。

4. 电动燃油泵控制电路

(1) 预运转功能。当点火开关打开而不启动发动机时,油泵能预先运转 3~5 s,向油管中预充压力燃油,保证顺利启动。

(2) 启动运转功能。在发动机启动过程中,油泵能同时运转,保证启动供油。

(3) 恒速运转功能。在发动机正常运转过程中,油泵能始终恒速运转,保证正常的泵油压力和泵油量。

(4) 变速运转功能。燃油泵能根据发动机工况的变化控制油泵高、低速运转变化。发动机高速、大负荷工况下油耗较多时,燃油泵高速运转;发动机低速、小负荷工况下油耗较少时,燃油泵低速运转,减少不必要的燃油泵磨损和电能消耗。

(5) 自动停转保护功能。发动机熄火后,即使点火开关仍处于接通状态,油泵也能自动停转。这一功能可防止汽车因碰撞等事故造成油管破裂,燃油大量外流,从而避免此种情况下因点火开关处于接通位置引起火灾。

各车型控制电路所能实现的控制功能不尽相同,某车型油泵电路图如图 2-5-4 所示。

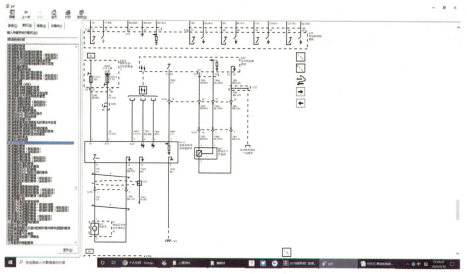

图 2-5-4　某车型油泵电路图

该车型的燃油系统采用电子无回路请求式设计。无回路燃油系统不使热燃油从发动机返回油箱，以降低油箱的内部温度。油箱内部温度的降低导致蒸发排放较低。

涡轮式电动燃油泵连接油箱内的油箱燃油泵模块。燃油泵通过供油管向高压燃油泵提供燃油。高压燃油泵向可变压力燃油导轨提供燃油。燃油通过精密的多孔喷油器进入燃烧室。发动机控制模块（ECM）控制高压燃油泵、燃油导轨压力、喷油器正时和喷射持续时间。

无回路电子燃油系统是一个由微处理器控制的燃油输送系统，将燃油从油箱运送到燃油导轨。它是传统的机械燃油压力调节器的电子替代品。燃油箱内的限压调节阀提供一个附加的过压保护措施。发动机控制模块发出目标燃油压力信息，此信息被传输给燃油泵电源控制模块。燃油压力传感器位于供油管上，它为发动机控制模块提供"闭环"燃油压力控制所需的反馈。

燃油泵电源控制模块是一个可维修的 GMLAN 模块。燃油泵电源控制模块从发动机控制模块接收目标燃油压力信息，同时控制位于油箱内的燃油泵，以达到目标燃油压力。燃油泵电源控制模块向燃油泵输送一个 25 kHz 的脉宽调制信号，同时泵速根据该信号而改变。燃油泵最大供应电流为 15 A。燃油压力传感器位于供油管上，为发动机控制模块提供燃油压力反馈。

5. 喷油器

喷油器通过密封圈安装在进气歧管或进气道附近的缸盖上，根据 ECU 发出的喷油脉冲信号将电磁线圈接通，在电磁线圈磁场的作用下，针阀克服弹簧力而升起，向进气歧管或总管喷射燃油。当 ECU 要求关闭喷油器时，停止喷射。在喷油器的结构和喷油压力一定时，喷油器的喷油量取决于针阀的开启时间，即电磁线圈的通电时间。

（二）燃油系统故障原因分析

1. 无燃油压力

故障现象：车辆无法启动。

可能原因：

（1）燃油泵损坏。

（2）燃油控制电路故障。

解决办法：

(1) 打开点火开关，听燃油泵是否工作，如有工作声音则表明燃油泵电路及燃油泵是好的，可直接检查供油管路是否脱落。

(2) 如无工作声音，则打开点火开关，检查燃油保险的好坏：如两个脚都有电，表明保险正常；如两个脚都没电，应检查主供电电路。

(3) 检测燃油泵插头处是否有电，并测量搭铁是否正常。若有电且搭铁正常，燃油泵不工作，则表明燃油泵故障；没电则表明保险到燃油泵的供电电路故障。图2-5-5所示为无燃油压力的故障诊断流程图。

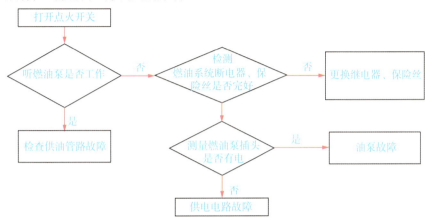

图2-5-5 无燃油压力的故障诊断流程图

2. 燃油压力过高

故障现象：燃油压力过高故障码或混合气过浓、冒黑烟。

可能原因：

(1) 回油管堵塞。

(2) 燃油压力调节器故障。

(3) 高压油泵调节阀损坏。

(4) 燃油压力传感器故障或相关线路故障。

解决办法：

(1) 询问客户故障出现前做过什么样的维修及操作。

(2) 如有故障码，先读取故障码，记录清码后，看故障是否再次出现，从而确认是历史故障还是当前故障。

(3) 用燃油压力表测量燃油压力，若燃油压力与数据流上显示一致且高于标准值，则故障属实；若不一致，则先检查燃油压力传感器及其相关线路故障。

(4) 如燃油压力确实过高，则检查燃油压力调节器是否工作。（发动机油轨无回油管的车，则检查汽油滤芯回油或油箱内的压力阀）

(5) 如在检查燃油压力调节器时，发现上面的真空管无脱落，则看是否有回油，如有回油，则把回油管夹住，看燃油压力是否会继续增高，如夹住与不夹时燃油压力基本一致，表明回油管堵塞。

注意：

(1) 如是带高压油泵的车，应在第（3）步检查高压油泵上的燃油压力调节阀是否损坏。

(2) 部分车辆的燃油滤清器（带压力调节与回油功能的）有压力之分，还应检查是否装了错误压力规格的滤清器。

3. 燃油压力过低

故障现象：发动机抖动、加速无力、报燃油压力低故障。

可能原因：

(1) 燃油泵损坏无法达到工作压力。

(2) 燃油管路系统有泄漏。

(3) 燃油压力调节器故障。

(4) 高压油泵故障。

(5) 高压油泵燃油压力调节阀故障。

(6) 装配错误的（压力规格小的）燃油滤清器。

(7) 燃油压力传感器故障或相关线路故障。

解决办法：

(1) 询问客户故障出现前做过什么样的维修及操作。

(2) 如有故障码，应先读取故障码，记录清码后，看故障是否再次出现，以确认是历史故障还是当前故障。

(3) 用燃油压力表测量燃油压力，若燃油压力与数据流上显示一致且低于标准值，则故障属实；若不一致，则先检查燃油压力传感器及其相关线路故障。

(4) 如燃油压力确实过低，则检查燃油管路，看外部是否有泄漏。

(5) 如外部无泄漏，检查系统是否有内漏。

(6) 检测电子燃油泵是否老化（此处可在第（5）步直接先进行更换，快速排查故障）。

注意：

(1) 带高压油泵的车，应先找出是低压油路油压低还是高压油路油压低。如是高压油路油压低，则应先检查油压调节阀与高压油泵的好坏。

(2) 如在检查前客户说故障是在做保养后出现的，则可先询问是否更换过燃油滤清器（装错压力规格）或动过油泵（密封圈没装好），以达到快速检修的目的。

4. 燃油系统无残余压力

故障现象：打车时，第一下打不着或打车时间长。

可能原因：

(1) 油泵处泄压。

(2) 油压调节器处泄压。

(3) 喷油嘴处泄压。

解决办法：

找到泄漏点后，采用更换配件等方法维修。

5. 喷油嘴不工作

故障现象：无法着车或发动机抖动（部分喷油嘴不工作）。

可能原因：

(1) 喷油嘴堵塞或损坏。

(2) 喷油嘴供电电路故障。

(3) ECU 控制模块故障。

(4) 防盗锁死。

解决办法：

(1) 打开点火开关，看仪表上是否有防盗警示灯，如有，则表明当前汽车处于防盗锁止状态。

（2）无防盗指示灯，则检查喷油嘴是否有供电；无供电则表明喷油嘴供电电路故障。

（3）用万用表电阻挡测量喷油嘴的电阻（低阻值 0.6～3 Ω，高阻值 13～17 Ω），以及看是否有断路/短路现象。

（4）如没问题，则再检查搭铁控制电路是否正常。

（5）如喷油嘴的信号搭铁线控制正常，则再拆下喷油嘴做喷油量检测。如不正常，则检查线路是否有断路或 ECU 是否有故障。

四、典型故障

一辆轿车，行驶里程 5 万 km，启动机正常启动，点火系统工作正常，曲轴运转正常，发动机无法启动。

启动机无法启动，点火系统工作正常，首先检测燃油系统压力。燃油系统压力检测方法如下。

（1）将点火开关置于"ON（打开）"位置，关闭发动机，使用故障诊断仪指令"Fuel Pump Enable（燃油泵启用）"开启几次。

（2）燃油泵运行时，确认故障诊断仪上的"Fuel Pressure Sensor（燃油压力传感器）"参数在 345～650 kPa 范围内。实测值为 630 kPa。

（3）通过故障诊断仪关闭燃油泵后，确认故障诊断仪上的"Fuel Pressure Sensor（燃油压力传感器）"参数降低至 600 kPa 以下。实测值为 580 kPa。

（4）确认故障诊断仪上的"Fuel Pressure Sensor（燃油压力传感器）"参数在 1 min 内下降不超过 34 kPa。实测每分钟下降值为 30 kPa。

（5）发动机怠速运转。

（6）确认故障诊断仪上的"Fuel Pressure Sensor（燃油压力传感器）"参数在 300～400 kPa 范围内。实测值为 280 kPa。

（7）经上述测试，燃油管压力过低。

（8）继续检测燃油供油管，发现堵塞。

（9）排除堵点后，燃油压力正常，汽车正常启动。

五、零部件检修

1. 燃油泵的检修

作为电控燃油喷射系统的关键部件之一，电动燃油泵对发动机的性能有影响。如果燃油泵或控制电路出现故障，将会造成供油系统没有燃油压力或压力过低，即使喷油器工作正常燃油也不能正常喷射。

（1）燃油泵电阻的检测。关闭点火开关，拔下燃油泵通电端子，用万用表检测两通电端子之间的电阻，即为燃油泵直流电动机线圈电阻，其阻值应为 2～3 Ω（20 ℃时）。如电阻不符，则需更换电动燃油泵。

（2）燃油泵控制电路检查。检修前应确定蓄电池电压正常，燃油滤清器正常。打开点火开关，燃油泵应运转 2 s。如果燃油泵不运转，应关闭点火开关，拔下燃油泵继电器，检查其供电情况。

（3）燃油泵工作情况检查。可通过燃油泵泵油量的多少来检查燃油泵的工作情况。检查时，先对燃油系统泄压，然后将带开关的燃油压力表接到供油管接头上，另一端接一根出油管，下面放一量杯。关闭油压表开关，接通燃油泵继电器，使油泵运转，直至系统油压达到 300 kPa。打开油压表开关，让燃油流入量杯。30 s 后，关闭油压表开关，再使燃油泵停止转动，量杯中的燃油量就是燃油泵运转 30 s 的泵油量。

2. 喷油器的类型

喷油器是电控汽油喷射系统中一个重要的执行元件，它的类型按结构不同可以分为轴针式、球阀式、片阀式三种，目前应用最广泛的是轴针式喷油器。其作用是根据发动机 ECU 的指令控制燃油喷射，即在 ECU 的控制下将燃油呈雾状喷入进气总管或进气歧管内。大多数电控燃油喷射发动机的喷油器通过绝缘垫圈安装在进气歧管或进气道附近的缸盖上，并由供油总管将其固定。

现在电控燃油喷射系统中都用电磁式喷油器。喷油器的磁化线圈可以按任何特性值绕制，但典型的一种是低电阻型喷油器（阻值为 2～5 Ω）；另一种是高电阻型喷油器（阻值为 12～17 Ω）。通电时，喷油器头部针阀打开，一定压力的燃油呈雾状喷入进气总管或进气歧管内，与空气混合进入气缸内。ECU 利用脉冲的宽度来控制喷油器每次打开喷油的时间，从而达到控制喷油量的目的。一般喷油器每次打开喷油的时间为 2～10 ms，打开时间越长，喷油量越大。

喷油器的燃油喷射量包括静态喷射量和动态喷射量。其中静态喷射量是指喷油器在规定的喷油压力和喷油背压下，使阀体保持最大开度位置时单位时间内的喷油量，单位是 cm^3/min 或 mL/min。静态喷射量反映了喷油器的理论喷射能力。动态喷射量是指在某一通电时间内喷油器的实际燃油喷射量。常以通电时间为 2.5 ms 时喷油器的喷射量来表示，单位是 mm^3/str（毫米^3/行程）。动态喷射量反映了喷油器的实际供油能力。

3. 喷油器及其控制电路检修

以桑塔纳 2000GSiAJR 发动机为例：

（1）工作状态检查。发动机运转时，用手接触喷油器，应可感触到喷油的脉动。喷油器拆下后通 12 V 电压时，可听到接通和断开的声音（注意：通电时间应不大于 4 s，再次实验应间隔 30 s，避免喷油器发热烧坏）。

（2）电阻检测。检查喷油器电阻，室温条件下为 13～18 Ω，当发动机热机后，会有 4～6 Ω 的增量。

（3）供电电压检测。打开点火开关用万用表检测喷油器插头端子 1 与接地之间的电压，应等于 12 V 蓄电池电压。如果电压值不符合要求，则应检查插头端子 1 到保险丝之间的线路有无断路或接触不良。

（4）控制信号的检测。在喷油器插头的两端子之间接上二极管试灯，启动发动机，试灯应闪烁。若试灯不闪烁，说明线路、传感器或电脑有故障，须检查线路、曲轴位置传感器、凸轮轴位置传感器和电脑。

（5）喷油脉宽的检测。用故障诊断仪读取喷油信号的数据流，怠速时，喷油脉宽正常值为 2～5 ms。

（6）波形检测。启动发动机，以 2 500 r/min 的转速保持节气门开度 2～3 min，直至发动机完全热机，同时燃油反馈系统进入闭环。关掉空调和所有附属用电器，置于空挡位置，缓慢加速并观察，在加速时喷油驱动器喷油脉宽也应该相应增加。

注：当喷油嘴有堵塞或滴漏时，会引起发动机抖动，清洗或更换即可。

实训工单　燃油压力的检测

1. 车辆信息

项目	信息	项目	信息
车型		发动机型号	
VIN 码		行驶里程	

项目二 发动机的故障诊断与排除

2. 实训准备及设备初步检查

序号	检查项目	结果确认	序号	检查项目	结果确认
1	汽车停放位置与举升机状况确认		6	发动机机油液位、冷却液检查	
2	放置车轮挡块		7	蓄电池电缆接头检测	
3	连接尾气尾排		8	仪器设备准备	
4	放置车外三件套		9	测量工具准备	
5	放置车内三件套		10	技术资料准备	

3. 故障现象确认

经确认,该车故障现象如下。

_____

4. 故障诊断流程分析

经小组讨论,故障诊断流程如下。

_____
_____
_____

5. 检测过程与分析

(1) 基础检测。

序号	检测项目	结果确认	序号	检测项目	结果确认
1	蓄电池电压		4	油气管路连接	
2	仪表板故障灯		5	电气元件连接	
3	燃油量		6	故障码	

(2) 进一步检测与排除。

序号	检测项目	检测工况/方法	测量参数	结果分析
1	故障诊断仪指令"Fuel Pump Enable(燃油泵启用)"开启几次			
2	燃油泵运行时,读取故障诊断仪上的"Fuel Pressure Sensor(燃油压力传感器)"参数			
3	关闭燃油泵,读取故障诊断仪上的"Fuel Pressure Sensor(燃油压力传感器)"参数			
4	每分钟故障诊断仪上的"Fuel Pressure Sensor(燃油压力传感器)"参数下降值			
5	发动机怠速运转时测量故障诊断仪上的"Fuel Pressure Sensor(燃油压力传感器)"参数			
6	测量值与维修手册上的标准值进行比较			
7	确认故障原因			

(3) 故障点及排除方法。

_____
_____
_____

6. 设备复位

序号	检查项目	结果确认	序号	检查项目	结果确认
1	收起车轮挡块		5	仪器设备复位	
2	收起尾气尾排		6	测量工具复位	
3	收起车外三件套		7	技术资料复位	
4	收起车内三件套		8	场地清洁	

7. 评价与反馈

(1) 学习小结。

序号	项目	操作内容	标准分	实际评分	备注
1	任务准备	实训准备及设备初步检查	10		
2	实施过程	故障解码仪读取故障码/数据流	30		
3	完成质量	测量数据准确、排除故障	20		
4	完成时间	90 min	10		
5	安全操作	个人防护、设备安全等	20		
6	5S工作	设备复位等	10		
		总分			

(2) 成绩评定。

小组评议等级：_____　　组长签名：_____

教师评议等级：_____　　教师签名：_____

课 后 习 题

一、选择题。

1. 燃油泵是一个（　　）。
   A. 双向交流电机　　　　　　　　B. 双向直流电机
   C. 单向直流电机　　　　　　　　D. 单向交流电机

2. 燃油系统的闭环控制传感器是（　　）。
   A. 曲轴位置传感器　　　　　　　B. 凸轮轴位置传感器
   C. 氧传感器　　　　　　　　　　D. 进气温度传感器

3. 汽油机电控燃油喷射系统采用的是（　　）。
   A. EFI　　　　　　　　　　　　　B. ESA
   C. ISC　　　　　　　　　　　　　D. ECU

项目二　发动机的故障诊断与排除

4. 多点喷射的电控燃油喷射系统中喷油器是将燃油喷在（　　）。
   A. 节气门上方　　　　　B. 节气门下方　　　　　C. 进气歧管内　　　　　D. 进气总管内
5. 电控燃油喷射系统的空气供给系统的作用是（　　）。
   A. 供给气缸内燃烧所需的燃油　　　　　B. 根据发动机运行状况确定最佳的汽油供给量
   C. 计量并控制供给发动机燃烧所需的空气量　　　　　D. 计量供给发动机燃烧所需的空气量
6. 以下装置属于电控燃油喷射系统中的燃油供给系统的是（　　）。
   A. 发动机转速传感器　　　　　B. 油压调节器
   C. 曲轴位置传感器　　　　　D. 空气流量计
7. 对某台动力不足的发动机进行燃油压力检查，断开汽油压力调节器真空软管后，急加速时燃油压力有所下降。故障可能是（　　）。
   A. 燃油泵出油阀有泄漏　　　　　B. 喷油器有泄漏
   C. 汽油压力调节器有泄漏　　　　　D. 燃油滤清器有堵塞
8. 电控发动机燃油泵工作电压检测时，蓄电池电压、燃油泵熔丝、（　　）、燃油滤清器均应正常。
   A. 点火线圈电压　　　　　B. 燃油泵继电器
   C. 燃油泵　　　　　D. 发电机电压
9. 进行燃油压力检测时，按正确的工序应该首先进行以下哪一步？（　　）
   A. 断开燃油蒸发碳罐管路
   B. 将燃油压力表连到电控燃油喷射系统的回流管路上
   C. 在将燃油压力表接到电喷系统以前，先将管路中的燃油压力卸掉
   D. 拆下燃油电喷系统上的燃油管
10. 电控汽油喷射系统，欲释放燃油系统压力，正确方法是执行哪一动作？（　　）
    A. 拆开汽油滤清器上的进油管接头
    B. 拆开燃油压力调节器上的回油管接头
    C. 拆下电动汽油熔断器或继电器，再启动发动机至熄火
    D. 打开油箱盖，等候约几分钟即可释放压力
11. 关于油耗过高的原因，甲说可能是电动燃油泵的故障，乙说可能是燃油压力调节器的故障。下列说法正确的是哪项？（　　）
    A. 甲正确　　　　　B. 乙正确
    C. 甲乙都不正确　　　　　D. 甲乙都正确
12. 电子控制燃油喷射系统以 ECU 为控制核心，以空气流量和（　　）为控制基础，以喷油器、点火器和怠速空气调整器为控制对象。
    A. 发动机动力　　　　　B. 发动机工况
    C. 发动机转速　　　　　D. 发动机负荷
13. 如果导致混合气变稀的因素一直存在（假设燃油泵磨损而供油压力长期变低），控制单元启动燃油修正，以修正后的喷油时间持续控制喷油，称为（　　）。
    A. 短期燃油修正　　　　　B. 长期燃油修正

二、判断题

1. 更换燃油滤清器时，滤清器壳体上的箭头标记方向应与燃油流向保持一致。（　　）
2. 更换燃油滤清器时，若反装燃油滤清器但未通电或启动发动机，则燃油滤清器可换向后重新安装使用。（　　）

3. 如果 ECM 持续检测到发动机转速信号，将会保持燃油泵继电器吸合，使燃油泵持续运转。（　　）
4. 燃油供给系统的动态油压检测本质上是对燃油压力调节器进行检测。（　　）
5. 燃油泵单向阀的作用是保证燃油向一个方向输出，但是可以回流。（　　）

任务六　启动系统的故障诊断

一、任务描述

一辆轿车，行驶里程 4 万 km，启动时，启动机无运转声音。如果你是维修技师，能确定此故障并将其排除吗？

为了排除该故障，应完成以下内容：
(1) 熟悉启动系统的相关知识。
(2) 在实车上对启动系统进行部件及线路测试。
(3) 在实车上对发动机不能启动故障进行诊断与排除。
(4) 完成并填写实训工单的相关项目。

二、学习目标

（一）知识目标

(1) 能描述发动机启动系统的工作原理。
(2) 能描述检测发动机启动系统电路的方法。
(3) 能描述诊断并排除启动系统故障的思路及方法。

（二）技能目标

(1) 能根据电路原理图分析启动系统故障。
(2) 能对启动机进行跨接。
(3) 能检测启动系统电路故障。

三、故障原因分析

（一）工作原理

汽油发动机能正常启动并稳定的工作，需要具备 5 个必要的条件，缺一不可：
①强大而稳定的点火能量。
②空燃比合适的混合气。
③足够的气缸压力。
④准确的点火正时及进气正时。
⑤启动系统正常工作。

1. 气缸压力

气缸压力是发动机产生压缩和做功的前提条件，所有内燃机都需要具备一定气缸压力的环境才能有

压缩做功,才有发动机的运转工作。发动机的气缸压力一般随着发动机的工作磨损会越来越降低,但不会突然消失,气缸压力下降对发动机的运行、做功和动力有一定的影响,对发动机的启动也有影响。缸压过低,发动机启动会更困难,但只要有气缸压力,就不会造成发动机不能启动,因此气缸压力不是发动机不能启动的关键因素。

2. 正时机构

发动机正时包括点火正时和进气正时,错误的点火正时及进气正时将导致发动机不能准确启动,并可能导致发动机运转异常产生严重故障,一旦正时错误,发动机在启动时将会产生异常的表现,如异响、进气管回火、排气管放炮、曲轴反转等。

正时错误虽然会造成发动机不能正常启动,但发动机仍然有做功动作,只是错乱做功,所以正时对于发动机不能启动的影响是复杂的,正时错误的表象在启动时能够体现出来。

3. 混合气

发动机启动时,燃烧的混合气浓度过浓或过稀都将影响发动机正常启动。混合气的浓度主要取决于燃油量的大小。启动时,节气门处于关闭状态,或小开度,进气量是恒定较小,混合气浓度主要由喷油量决定,因此混合气影响启动的主要因素是喷油。

4. 点火能量

点火能量在发动机启动时有绝对的重要作用,特别是有无高压点火,直接影响发动机能否启动。点火能量的大小只是决定发动机工作性能,而有无点火决定发动机能否着火。

5. 启动系统

启动机的作用就是启动发动机,发动机启动之后,启动机便立即停止工作。当启动机不能正常启动时,发动机无法正常工作。

(二)启动系统故障原因分析

1. 启动机无法正常工作

故障现象:启动发动机时,将点火开关转到"启动"挡,启动机不运转。

故障原因:启动机不运转的故障原因可以归纳为三类,即电源及线路部分故障、启动继电器故障、启动机故障。

(1)电源及线路部分故障。

①蓄电池严重亏电。

②蓄电池正、负极桩上的电缆接头松动或接触不良。

③控制线路断路。

(2)启动继电器故障。

①继电器线圈绕组烧毁或断路。

②继电器触点严重烧蚀或触点不能闭合。

(3)启动机故障。

①启动机电磁开关触点严重烧蚀或两触点高度调整不当,导致触点表面不在同一平面内,使触盘不能将两个触点接通。

②换向器严重烧蚀而导致电刷与换向器接触不良。

③电刷弹簧压力过小或电刷卡死在电刷架中。

④电刷与励磁绕组断路或电刷搭铁。

⑤励磁绕组或电枢绕组有断路、短路或搭铁故障。

⑥电枢轴的铜衬套磨损过多，使电枢轴偏心或电枢轴弯曲，导致电枢铁芯"扫膛"（即电枢铁芯与磁极发生摩擦或碰撞）。

启动机无法正常工作的故障诊断流程图，如图2-6-1所示。

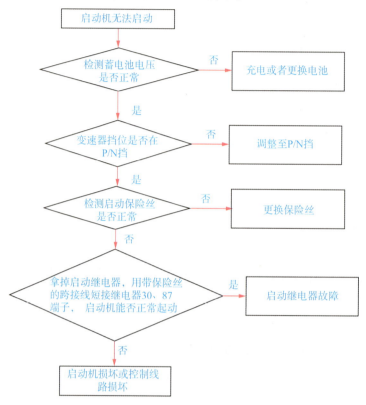

图 2-6-1　启动机无法正常工作的故障诊断流程图

2. 启动机正常工作，发动机无法启动

故障现象：启动发动机时，将点火开关转到"启动"挡，启动机正常运转，发动机不运转。

故障原因：点火系统故障、燃油系统故障、进气系统故障等。

（1）点火系统故障。

①无高压火或过弱。

②点火正时严重失准。

③火花塞故障。

（2）燃油系统故障

燃油系统不喷油或油压过低。

（3）进气系统故障。

进气系统严重漏气。

发动机不能启动故障诊断流程图如图2-6-2所示。

电控发动机检修注意：

（1）对关键保险丝进行检查，如点火、EFI。

（2）电控发动机检修前一般应先读取故障码，如有故障码，应先排除。

（3）更换ECU前，必须先检查ECU搭铁、电源线路是否正常。

项目二 发动机的故障诊断与排除

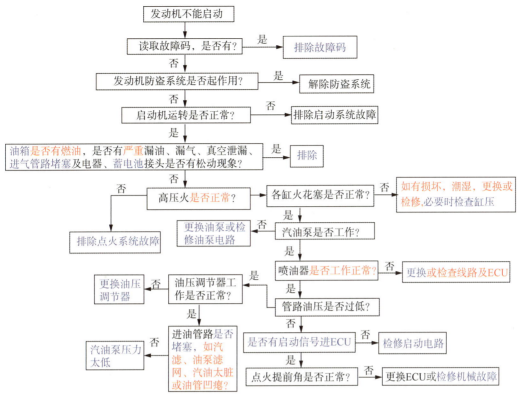

图 2-6-2 发动机不能启动故障诊断流程图

四、典型故障

某轿车行驶 4 万 km，启动时启动机无声音。其启动电路图如图 2-6-3 所示。

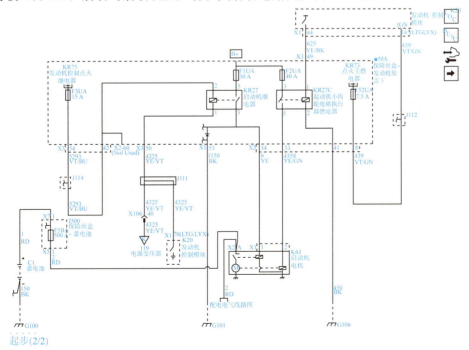

图 2-6-3 启动电路图

检测流程如下。

（1）将点火开关置于"ON（打开）"位置。

（2）用故障解码仪读取数据流，检查"ECM Ignition 1 Signal（发动机控制模块点火 1 信号）"参数是否高于 10 V。解码仪实测 12.6 V。

（3）将点火开关置于"OFF（关闭）"位置，并关闭所有车辆系统，断开 KR27C 启动机小齿轮电磁阀执行器继电器。所有车辆系统断电可能需要 2 min。

（4）测试继电器 KR27C 搭铁电路端子 2 和搭铁之间的电阻是否小于 10 Ω。实测值为 0.8 Ω。

（5）在继电器 KR27C 端子 3 和搭铁之间连接一个测试灯，测试灯应该点亮，实测点亮。

（6）在继电器 KR27C 端子 1 和继电器 KR27C 搭铁电路端子 2 之间连接一个测试灯。

（7）在踩下驻车制动器装置和离合器踏板（手动变速器）或将变速器置于驻车挡（自动变速器）时，确认在将点火开关在"OFF（关闭）"和"CRANK（启动）"位置之间循环时测试灯分别点亮和熄灭。实测熄灭。

（8）将点火开关置于"OFF（关闭）"位置，拆下测试灯，断开 K20 发动机控制模块处的线束连接器。

（9）测试控制电路 K20 X1/44 到 KR27C 端子 1 的端对端电阻是否小于 2 Ω。实测电阻无穷大，说明该段线断路。

（10）更换线路后，启动机正常启动。

五、零部件检修

（一）启动机的就车检修

1. 电磁开关的检修

将变速器至于空挡或 P 挡，用短接线短接电磁开关 30 号接线柱与 C 接线柱，若启动机不运转则启动机有故障，如图 2-6-4 所示。

图 2-6-4　电磁开关的检修

图 2-6-5　启动线路的检修

2. 启动线路的检修

拔下启动机电磁开关连接插头，在点火开关启动挡时用测试灯检测插头电压，测试灯应点亮；或用万用表，应有 12 V 左右的电压，无电压或测试灯不亮则检查启动线路，如图 2-6-5 所示。

（二）启动机解体后的检查及技术要求

1. 电枢总成的检查

（1）电枢轴的检查。

用游标卡尺检测轴颈外径与衬套内径，配合间隙应为 0.035～0.077 mm，最大不超过 0.15 mm，间隙过大应更换衬套并重新铰配。电枢轴弯曲可用百分表检测，其径向跳动应不大于 0.10～0.15 mm，否则应予以校正，如图 2-6-6 所示。

（2）换向器的检查。

检查换向器表面有无烧蚀和圆度误差是否合格。轻微烧蚀用 00 号砂纸打磨，严重时应车削，换向器与电枢轴的同轴度误差不大于 0.03 mm，否则应在车床上修整。换向器直径应不小于标准值 1.10 mm，换向片应高出云母片 0.40～0.80 mm，如图 2-6-7 所示。

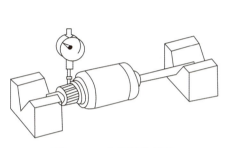

图 2-6-6　电枢轴的检查

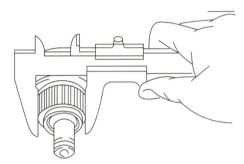

图 2-6-7　换向器直径检查

（3）电枢线圈搭铁的检查。

用万用表检查时，其表笔分别搭在换向器和铁芯（或电枢轴）上，阻值应为无穷大；若阻值为零，则为搭铁，应更换，如图 2-6-8 所示。

（4）电枢线圈短路的检查。

把电枢放在万能试验台检验器上，接通电源，将锯片放在检验器上并转动电枢。锯片不振动表明电枢线圈无短路，否则为电枢线圈短路，应予以修理或更换，如图 2-6-9 所示。

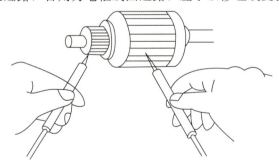

图 2-6-8　电枢线圈搭铁的检查

图 2-6-9　电枢线圈短路的检查

（5）电枢线圈断路的检查。

检视电枢线圈的导线是否甩出或脱焊。用万用表两表笔分别依次与相邻换向器接触，其读数应一致，否则说明电枢线圈断路，应予以更换，如图 2-6-10 所示。

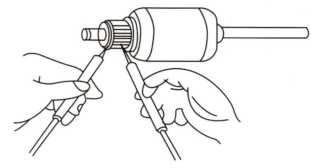

图 2-6-10 电枢线圈断路的检查

2. 定子绕组的检查

（1）励磁线圈搭铁的检查。

用万用表的两表笔分别接励磁接线柱和外壳，若阻值为无穷大，则正常；若阻值为零，则说明有搭铁故障，如图 2-6-11 所示。

（2）定子绕组短路、断路的检查。

蓄电池正极接启动机接线柱，负极接正电刷，将旋具放在每个磁极上迅速检查磁极对旋具的吸力，应相同。磁极吸力弱的为匝间短路，各磁极均无吸力为断路，如图 2-6-12 所示。若用万用表置于电阻挡，测接线柱与正电刷的导通情况，如不导通，说明断路。

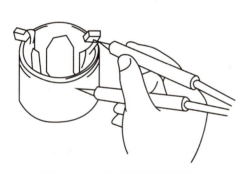

图 2-6-11 励磁线圈搭铁的检查

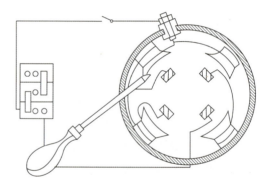

图 2-6-12 定子绕组短路、断路的检查

3. 电刷总成的检查

（1）电刷高度的检查。

电刷磨损后的高度不应小于电刷原高度的一半，不小于 10 mm。电刷在架内应活动自如，无卡滞，电刷与换向器接触的面积应不低于 80%。

（2）电刷架的检查。

用万用表的电阻挡位测两绝缘电刷架与电刷架座盖，阻值应为无穷大，否则说明绝缘体损坏；相同方法测两搭铁电刷架与电刷架座盖，阻值应为零，否则说明电刷架松动，搭铁不良。

（3）电刷弹簧的检查。

用弹簧秤检查弹簧的弹力，应为 11.76～14.7 N，如过小应更换，如图 2-6-13 所示。

4. 单向离合器的检查

按顺时针转动驱动齿轮，应自由转动；逆时针转动时应该被锁住，如图 2-6-14 所示。

项目二　发动机的故障诊断与排除

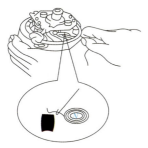

图 2-6-13　电刷弹簧的检查

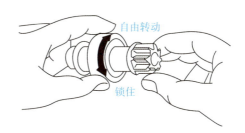

图 2-6-14　单向离合器的检查

5. 电磁开关的检查

（1）将两表笔分别接于励磁接线柱和电磁开关外壳，若有电阻，说明保持线圈良好；若电阻为零，则为短路；若电阻无穷大，则为断路，短路或断路都应更换，如图 2-6-15 所示。

（2）两表笔分别接于励磁接线柱和启动机接线柱，若有电阻，说明吸拉线圈良好；若电阻为零，则为短路；若电阻无穷大，则为断路，短路或断路都应更换，如图 2-6-16 所示。

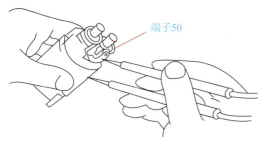

图 2-6-15　保持线圈的检查

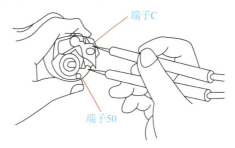

图 2-6-16　吸拉线圈的检查

（3）用手将接触盘铁芯压住，让电磁开关上的电源接线柱与启动机接线柱连通，测量两接线柱间的电阻值，应为零，否则为接触不良。

实训工单　启动机不转的启动系统故障诊断

1. 车辆信息

项目	信息	项目	信息
车型		发动机型号	
VIN 码		行驶里程	

2. 实训准备及设备初步检查

序号	检查项目	结果确认	序号	检查项目	结果确认
1	汽车停放位置与举升机状况确认		6	发动机机油液位、冷却液检查	
2	放置车轮挡块		7	蓄电池电缆接头检测	
3	连接尾气尾排		8	仪器设备准备	
4	放置车外三件套		9	测量工具准备	
5	放置车内三件套		10	技术资料准备	

3. 故障现象确认

经确认，该车故障现象如下。

4. 故障诊断流程分析

经小组讨论，故障诊断流程如下。

5. 检测过程与分析

（1）基础检测。

序号	检查项目	结果确认	序号	检查项目	结果确认
1	蓄电池电压		4	油气管路连接	
2	仪表板故障灯		5	电气元件连接	
3	燃油量		6	故障码	

（2）进一步检测与排除。

序号	检测项目	检测工况/方法	测量参数	结果分析
1	故障解码仪读取数据流，检查"ECM Ignition 1 Signal"			
2	点火开关置于"OFF（关闭）"位置，断开 KR27C 继电器			
3	检测 KR27C 搭铁电路端子 2 和搭铁之间的电阻是否小于 10 Ω			
4	在继电器 KR27C 端子 1 和端子 2 之间连接一个测试灯			
5	点火开关在关闭和启动位置之间循环时测试灯点亮和熄灭			
6	在 P 挡，在继电器 KR27C 端子 3 和端子 5 之间安装 30 A 保险丝的跨接线			
7	确认启动机小齿轮啮合			

（3）故障点及排除方法。

6. 设备复位

序号	检查项目	结果确认	序号	检查项目	结果确认
1	收起车轮挡块		5	仪器设备复位	
2	收起尾气尾排		6	测量工具复位	
3	收起车外三件套		7	技术资料复位	
4	收起车内三件套		8	场地清洁	

7. 评价与反馈

（1）学习小结。

序号	项目	操作内容	标准分	实际评分	备注
1	任务准备	实训准备及设备初步检查	10		
2	实施过程	故障解码仪读取故障码/数据流	30		
3	完成质量	测量数据准确、排除故障	20		
4	完成时间	90 min	10		
5	安全操作	个人防护、设备安全等	20		
6	5S工作	设备复位等	10		
		总分			

（2）成绩评定。

小组评议等级：_____ 组长签名：_____

教师评议等级：_____ 教师签名：_____

课后习题

1. 下列说法错误的是（　　）。

A. 启动机由定子、转子、整流器等组成

B. 启动机由电枢、磁极、换向器等组成

C. 启动机由直流串激电动机、传动机构、磁力开关等组成

D. 启动机由吸拉线圈、保持线圈、活动铁芯等组成

2. 启动机启动发动机时，每次启动时间限制为 5 s 左右，是因为（　　）。

A. 蓄电池的端电压下降过快

B. 防止启动机过热

C. 防止电流过大，使点火开关烧坏

D. 防止电流过大，使启动电路的线束过热起火

3. 当发动机启动不着火时，下列说法错误的是（　　）。

A. 可能是蓄电池容量低　　　　B. 可能是无高压电

C. 可能是不来油　　　　　　　D. 可能是发电机有故障

4. 安装启动继电器的目的是（　　）。

A. 保护启动开关　　　　　　　B. 保护启动机

C. 保护发电机　　　　　　　　　　D. 保护蓄电池

5. 汽车启动机的电磁开关作用是（　　）。

A. 控制启动机电流的通断

B. 推动小齿轮啮入飞轮齿圈

C. 推动启动机电流并推动小齿轮啮入飞轮齿圈

D. 将启动机转矩传递给飞轮齿圈

6. 一位客户早晨启动她的汽车时蓄电池总是没电，当早晨一次跨接蓄电池启动后，该车整天的启动都没问题。技师甲说，启动机启动电流太大；技师乙说，或许杂物箱灯一直亮着。谁正确？（　　）

A. 甲正确　　　　　　　　　　　　B. 乙正确

C. 两人均正确　　　　　　　　　　D. 两人均不正确

7. 发动机启动后，充电指示灯熄灭，说明（　　）。

A. 发电机处于他励状态　　　　　　B. 发电机处于自励状态

C. 充电系统有故障　　　　　　　　D. 充电指示灯损坏

任务七　点火系统的故障诊断

一、任务描述

一辆轿车，行驶里程 5 万 km，启动机正常启动，曲轴运转正常，发动机无法启动。如果你是维修技师，能确定此故障并将其排除吗？

为了排除该故障，应完成以下内容：

(1) 熟悉点火系统的相关知识。

(2) 在实车上对点火系统进行部件及线路测试。

(3) 在实车上对发动机不能启动故障进行诊断与排除。

(4) 完成并填写实训工单的相关项目。

二、学习目标

(一) 知识目标

(1) 能描述电控发动机点火系统的工作原理。

(2) 能描述检测电控发动机点火系统电路的方法。

(3) 能描述诊断并排除点火系统故障的思路及方法。

(二) 技能目标

(1) 能测试高压点火。

(2) 能检测点火系统电路故障。

(3) 能根据电路原理图分析点火系统故障。

项目二　发动机的故障诊断与排除

三、故障原因分析

（一）点火系统工作原理

点火系统是发动机的一个重要组成部分，目前都采用电控点火系统。

电控点火系统也称为计算机控制点火系统，其组成如图 2-7-1 所示，主要包括曲轴位置传感器、凸轮轴位置传感器、爆震传感器等各种传感器，发动机 ECU、点火器（也称点火模块），点火线圈，火花塞和点火开关等。与传统点火系统相比，电控点火系统取消了传统的点火提前角调节装置，采用 ECU 来实现点火提前角的精确控制。

目前，主流车辆上基本都采用单缸独立点火系统，如威朗等轿车，其点火线圈与点火器集成在一起，形成点火线圈组件，如图 2-7-2 所示。

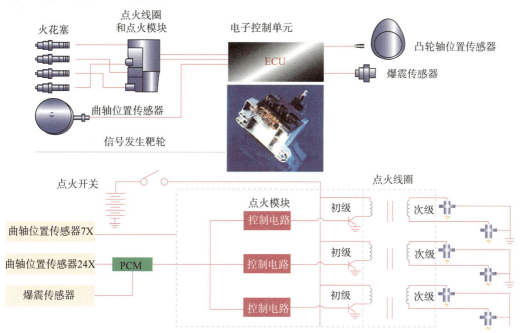

图 2-7-1　电控点火系统

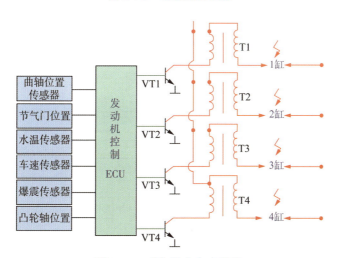

图 2-7-2　单缸独立点火系统

(二) 点火系统故障原因分析

由点火系统故障造成的发动机不能启动，其根本原因是无高压火或火弱，具体故障原因如下。

（1）熔断丝松动或熔断。
（2）线路连接不良或搭铁。
（3）曲轴位置传感器等传感器信号不良。
（4）点火线圈断路、短路。
（5）点火模块故障。
（6）火花塞潮湿。
（7）ECU 故障。

根据上述故障点，可以画出故障诊断思维导图，如图 2-7-3 所示。

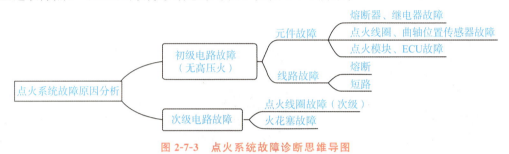

图 2-7-3 点火系统故障诊断思维导图

(三) 诊断思路与流程

点火系统故障诊断思路如下。

（1）检查点火线圈能否产生高压电，以判断初级电路、点火线圈是否有问题。若不能产生高压电，则应检查点火信号及点火线圈是否正常。

（2）如果没有点火信号，则需要进一步检查线路是否正常，相关传感器是否正常。

（3）若能产生高压电，则继续检查配电部分及火花塞是否正常。

启动系统故障诊断流程如图 2-7-4 所示。

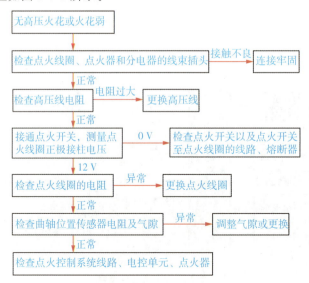

图 2-7-4 启动系统故障诊断流程

四、典型故障

以某型轿车点火系统故障为例,对故障现象进行分析、检测,最后进行诊断与排除。

该型轿车配备了 LDE 发动机,排量 1.6 L,发动机采用 ETAS-i 电子节气门以及涡流式进气歧管、直接点火系统(DIS)。其中点火系统为电控独立点火系统,结构紧凑、可靠性高。该系统取消了分电器和点火线圈。火花塞连接在各缸次级绕组的末端,次级绕组中产生的高电压直接作用到火花塞上,在火花塞中央电极和搭铁电极间产生火花,所以分火性能好,可精确控制点火提前角、点火间隔角和点火闭合角,工作可靠性高。

一辆 2015 年产某型轿车,客户反映该车发动机运转不稳并且加速时顿挫感明显,发动机故障灯常亮。维修人员使用诊断仪检测,显示故障码有 P0300(含义为检测到发动机缺火)和 P0301、P0302、P0303、P0304(含义分别为检测到 1、2、3、4 缸缺火)。读出车辆数据流,气缸 1 当前缺火计数器显示为 168 次,而由历史数据得来的气缸 1 缺火数据为 62 658 次。经分析,车辆故障出现在点火系统中。于是首先检查火花塞是否损坏,打开发动机装饰盖拆卸点火线圈和火花塞,观察火花塞的绝缘体外部无破损、龟裂,电极间无磨损,无机油或燃油污染。再用塞尺测量火花塞电极间隙为 1.15 mm,而原厂维修手册上的标准值为 0.75~0.90 mm,这说明火花塞点火间隙过大。

火花塞间隙过大,就需要更高的能量来击穿空气成功点火。但在如此短暂的点火时间内,原车点火线圈在检测到点火失败后会提高点火输出,而当将其提升到极限都不能成功点火时,输出的点火能量便会找其他地方释放,通常会原路返回,这样会对点火线圈造成更大的负荷,使点火线圈击穿,造成短路或断路。如果点火线圈出现断路,会使产生的高压电无路可通,这时候非常容易造成点火线圈击穿。而该车点火线圈又在发动机嵌入式设计的高温下工作,因此高温导致点火线圈损坏的情况比较常见。最后更换火花塞和点火线圈后试车,故障码消失,数据流中缺火次数变为 0。

对于该车型,发动机缺缸问题较为常见。造成点火线圈损坏的原因有以下两点:①LDE 发动机属于高温型发动机,其点火线圈特点是 4 缸连体,安置于发动机顶部,装饰盖影响了其散热效果,会使点火线圈过早老化,出现漏电现象;②火花塞点火间隙过大,这是造成点火线圈损坏的主要原因,电极间隙过大将导致点火线圈的负荷增加,从而造成点火线圈被击穿的故障。如果不及时更换火花塞,会影响点火线圈性能。最好的维修方案就是同时更换全套火花塞和点火线圈,这样才能延长两套配件的使用寿命。

五、零部件检修

1. 火花塞烧蚀等故障

火花塞顶端起疤、损坏或电极熔化、烧蚀都表明火花塞已经毁坏,应更换。更换时应检查烧蚀的症状以及颜色的变化,以便分析产生故障的原因,如图 2-7-5(a)所示。火花塞绝缘体的顶端和电极间有时会粘有沉积物,严重时会造成发动机不能工作,此时可清洁火花塞进行补救。

火花塞上有油性沉积物,表明润滑油进入燃烧室内,如图 2-7-5(b)所示。

火花塞电极和内部有黑色沉积物,表明混合气过浓,可以增高发动机运转速,并持续几分钟,就可烧掉留在电极上一层黑色的煤烟层,如图 2-7-5(c)所示。

汽车故障诊断技术

（a）

（b）

（c）

图 2-7-5　火花塞故障

2. 火花塞跳火试验

（1）拆卸点火线圈。

（2）分离喷油嘴插接器，以免检查时喷射燃油。

（3）使用火花塞套筒拆卸火花塞，如图 2-7-6 所示。

图 2-7-6　使用火花塞套筒拆卸火花塞

（4）将火花塞安装到点火线圈上。

（5）将火花塞搭铁到发动机上。

（6）启动发动机时，检查火花塞跳火情况，如 2-7-7 所示。发动机启动时间不要多于 10 s。

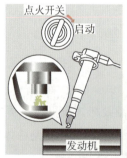 

图 2-7-7　火花塞跳火试验

（7）检查所有火花塞的跳火情况。

（8）使用火花塞套筒安装火花塞，然后安装点火线圈。

3. 火花塞的更换

（1）拆卸气缸盖罩固定螺栓，取下点火线圈装饰盖。

项目二 发动机的故障诊断与排除

（2）脱开点火线圈插接器，如图 2-7-8 所示。

图 2-7-8 脱开点火线圈插接器

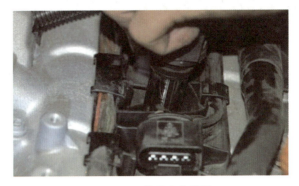

图 2-7-9 拔出点火线圈

（3）拔出点火线圈，如图 2-7-9 所示。
（4）用长套筒或专用套筒拆卸火花塞，更换新的火花塞。
（5）更换工作完成后，启动发动机检查其运转情况。

实训工单　高压无火故障诊断

1. 车辆信息

项目	信息	项目	信息
车型		发动机型号	
VIN 码		行驶里程	

2. 实训准备及设备初步检查

序号	检查项目	结果确认	序号	检查项目	结果确认
1	汽车停放位置与举升机状况确认		6	蓄电池电缆接头检测	
2	放置车轮挡块		7	放置车内三件套	
3	连接尾气尾排		8	仪器设备准备	
4	放置车外三件套		9	测量工具准备	
5	发动机机油液位、冷却液检查		10	技术资料准备	

3. 故障现象确认

经确认，该车故障现象如下。

___

4. 故障诊断流程分析

经小组讨论，故障诊断流程如下。

___

___

___

5. 检测过程与分析

（1）基础检测。

汽车故障诊断技术

序号	检测项目	结果确认	序号	检测项目	结果确认
1	蓄电池电压		4	油气管路连接	
2	仪表板故障灯		5	电气元件连接	
3	燃油量		6	故障码	

（2）进一步检测与排除。

序号	检测项目	检测工况/方法	测量参数	结果分析
1	测试高压火花，验证故障现象			
2	检测点火线圈电源			
3	检测点火线圈搭铁			
4	检测点火控制信号			
5	检测曲轴位置传感器信号			
6	检测发动机控制单元搭铁			
7	检测发动机控制单元是否正常			

（3）故障点及排除方法。

_____
_____
_____

6. 设备复位

序号	检查项目	结果确认	序号	检查项目	结果确认
1	收起车轮挡块		5	仪器设备复位	
2	收起尾气尾排		6	测量工具复位	
3	收起车外三件套		7	技术资料复位	
4	收起车内三件套		8	场地清洁	

7. 评价与反馈

（1）学习小结。

序号	项目	操作内容	标准分	实际评分	备注
1	任务准备	实训准备及设备初步检查	10		
2	实施过程	故障解码仪读取故障码/数据流	30		
3	完成质量	测量数据准确、排除故障	20		
4	完成时间	90 min	10		
5	安全操作	个人防护、设备安全等	20		
6	5S工作	设备复位等	10		
		总分			

项目二 发动机的故障诊断与排除

(2) 成绩评定。

小组评议等级：_____   组长签名：_____
教师评议等级：_____   教师签名：_____

课 后 习 题

一、判断题

1. 点火线圈充电线是指点火线圈初级回路的接通时间线，与点火能量无关。（ ）
2. 火花塞放电时电流由旁极流向中心电极。（ ）
3. 目前电控汽油机最常用的点火系统为微机电控无分电器、独立点火系统。（ ）

二、选择题

1. 微机控制点火系统的高压回路检修采用试火方式，观察火花塞电极处火花，判断点火系统工作情况。在具体操作时（ ）。

    A. 火花塞一端与高压线路连接，火花塞悬空
    B. 火花塞一端与高压线路连接，火花塞金属部分搭铁
    C. 火花塞一端与高压线路连接，火花塞陶瓷部分搭铁

2. 点火提前角随着发动机转速的增大而（ ），随着发动机负荷的增大而（ ）。

    A. 增大；减小   B. 增大；增大   C. 减小；增大

3. 火花塞间隙要调整合适，否则会影响点火系统的功能，火花塞电极间隙应为（ ）。

    A. 1.0～1.1 mm   B. 2.0～2.1 mm   C. 3.0～3.1 mm

4. 当发动机发生爆燃时，微机通过（ ）对点火系统进行控制，以迅速消除爆燃。

    A. 增大点火提前角   B. 保持点火提前角不变
    C. 增大闭合角   D. 减小提前角

5. 在ECU控制的电控点火系统中，由（ ）控制初级线圈电流。

    A. 断电触点   B. 功率三极管
    C. 点火线圈   D. 分电器

6. 在双缸点火的点火系统中，当一缸行至压缩行程上止点时火花塞点火，另一缸是处在（ ）。

    A. 排气行程上止点   B. 排气行程下止点
    C. 做功行程下止点   D. 进气行程上止点

7. 电极伸出长度、热值和间隙直接影响点火系统（ ）的工作性能。

    A. 点火线圈   B. 点火高压线
    C. 火花塞   D. 断电器触点

8. ECU根据（ ）信号对点火提前角实行反馈控制。

    A. 水温传感器   B. 曲轴位置传感器
    C. 爆燃传感器   D. 车速传感器

9. 采用电控点火系统时，发动机实际点火提前角（ ）理想点火提前角。

    A. 大于   B. 等于   C. 小于   D. 接近于

项目三 电气设备的故障诊断与排除

任务一 充电系统的故障诊断与排除

一、任务描述

一辆轿车，行驶里程 10 km，行驶过程中充电指示灯突然点亮，重新启动后依然不熄灭，如果你是维修技师，能确定此故障并将其排除吗？

为了排除该故障，应完成以下内容：
(1) 熟悉汽车充电系统的相关原理和知识。
(2) 在实车上对充电系统进行部件及线路测试。
(3) 在实车上对充电指示灯长亮故障进行诊断与排除。
(4) 完成并填写实训工单的相关项目。

二、学习目标

（一）知识目标

(1) 能描述充电系统的工作原理。
(2) 能描述检测充电系统电路的方法。
(3) 能描述诊断并排除充电系统故障的思路及方法。

（二）技能目标

(1) 能测试蓄电池技术状况。
(2) 能检测发电机技术状况。
(3) 能根据电路原理图分析充电系统故障。
(4) 能检测并排除充电系统故障。

三、故障原因分析

（一）充电系统工作原理

汽车充电系统由蓄电池、发电机、调节器及充电状态指示装置组成。发电机作为汽车运行中的主电源，担负着向启动系统之外所有用电设备供电和向蓄电池充电的任务。由于发电机是由发动机经传动带驱动旋转的，当发动机转速变化时，发电机输出电压是变化的。为满足汽车用电设备用电及向蓄电池充电的要求，充电系统设有电压调节器，电压调节器通过调节发电机的励磁电流保持发电机在转速和负荷变化时输出电压稳定。充电状态指示装置用于指示充电系统的工作情况，指示蓄电池是处于充电还是处

项目三 电气设备的故障诊断与排除

于放电状态。

充电系统的组成如图 3-1-1 所示：

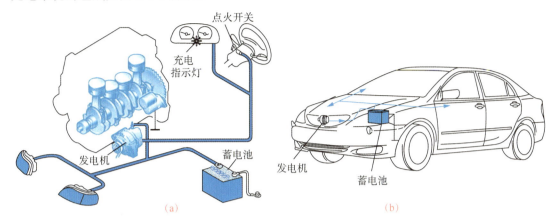

图 3-1-1 充电系统的组成

（二）充电系统常见故障

汽车充电系统常见故障有：充电指示灯不亮，充电系统不充电，充电指示灯闪烁，充电电流过大、充电电流过小等。根据以上故障点，可绘制出充电系统故障思维导图，如图 3-1-2 所示：

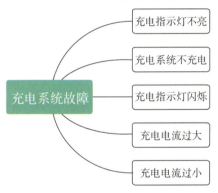

图 3-1-2 充电系统故障思维导图

1．充电指示灯不亮故障

（1）故障现象。

接通点火开关、发动机正常运转时，充电指示灯始终不亮。

（2）故障原因。

①充电指示灯灯丝断路。

②熔断丝烧断，使指示灯线路不通。

③指示灯或调节器电源线路导线断路或接头松动。

④蓄电池极柱上的电缆接头松动或接触不良。

⑤点火开关故障。

⑥发电机中的电刷与滑环接触不良。

⑦调节器内部电路故障，如调节器内部电子元件损坏导致大功率三极管不能导通，或大功率三极管本身断路等。

（3）故障分析诊断与排除。

— 83 —

汽车故障诊断技术

先启动发动机并怠速（交流发电机转速 2 000 r/min）运转，然后用万用表检查发电机充电系统能否充电（发电机输出电压能够超过蓄电池电压）。对充电指示灯不亮分为充电系统能充电与不能充电两种情况分别进行排除。

当接通点火开关时充电指示灯不亮，启动发动机后发电机又能发电，说明发电机充电系统正常，应检查仪表板上的充电指示灯是否正常，若灯丝断路，则需更换。

当接通点火开关时充电指示灯不亮，启动发动机后发电机又不能发电时，故障排除方法如下。

①首先断开点火开关，检查熔断丝是否断路。若该熔断丝断路，必须更换相同容量的熔断丝；若仪表熔断丝良好再继续检查。

②接通点火开关，用万用表检测熔断丝上的电压。若电压为零，说明点火开关以及点火开关与熔断丝之间的线路有故障，应予检修或更换；若熔断丝上的电压等于蓄电池的电压，再继续检查。

③拆下调节器接线端子上的导线，接通点火开关，用万用表检测调节器接线柱上的导线电压。若电压为零，说明仪表盘上的充电指示灯或充电指示灯的旁通电阻断路，或仪表盘与调节器之间的线路断路，应予检修或更换；若调节器接线柱上的导线电压等于蓄电池的电压，再继续检查。

④检查电刷与电刷弹簧，检查电刷与滑环接触是否良好。接触不良应予检修或更换；若接触良好，再继续检查。

⑤检查调节器有无故障，若有故障则需更换调节器总成。

⑥检查发电机的转子绕组，有无短路、断路和搭铁故障。

2. 充电系统不充电故障

（1）故障现象。

发动机启动后仪表盘上的充电指示灯不熄灭，或在发动机正常运转过程中充电指示灯始终不熄灭。

（2）故障原因。

①发电机磁场绕组短路、断路或搭铁而导致磁场电流减小或磁场无法形成回路。

②定子绕组短路、断路或搭铁故障。

③整流器故障。

④电刷磨损过多、电刷弹簧无弹性或电刷在电刷架中卡住，造成电刷不能与滑环接触或接触不良。

⑤调节器故障。调节器内部电子元件损坏而使大功率三极管不能导通或大功率三极管本身断路。

⑥交流发电机的传动皮带过松，由于传动皮带打滑发电机不转或转速过低而不发电。

（3）故障分析诊断与排除。

当充电指示灯常亮时，说明点火开关、熔断丝丝以及充电指示灯技术状态良好。

启动发动机并将其转速逐渐升高，此时用万用表测量发电机 B 端子与发电机壳体间的电压。若万用表指示的电压高于发动机未启动时蓄电池的电压（12 V 左右），说明发电机发电，发电机 B 端子与蓄电池正极柱之间的线路断路；若电压为零或过低，说明充电系统有故障，应按以下方法继续检查。

①断开点火开关，检查交流发电机传动皮带的挠度是否符合规定（5~7 mm）。挠度过大应予调整；若挠度正常，则继续检查。

②拆下调节器接线端子上的导线，接通点火开关，用万用表检测调节器接线柱上的导线电压，若电压为零，充电指示灯发亮，说明仪表盘与调节器之间的线路搭铁，应予检修或更换；若调节器接线柱上的导线电压等于蓄电池的电压，再继续检查。

③检查电刷与电刷弹簧，检查电刷与滑环接触是否良好，若有故障应予检修或更换；若接触良好，再继续检查。

④检查调节器有无故障，若有则需更换调节器总成。

⑤检测发电机的定子绕组、转子绕组有无短路、断路搭铁等故障，检测整流器有无故障，若有应予检修或更换。

3. 充电指示灯闪烁故障

（1）故障现象。

接通点火开关和发动机正常运转时，充电指示灯时亮时灭。

（2）故障原因。

①发电机传动皮带挠度过大而出现打滑现象。

②发电机个别整流二极管断路、定子绕组连接不良或断路而导致发电机输出功率降低。

③发电机电刷磨损过多。

④调节器调节电压过低。相关线路接触不良。

（3）故障分析诊断与排除。

①检查传动皮带的挠度是否符合规定。

②检查相关线路连接情况，若不正常则需检修。

③拆下调器和电刷组件总成，并按前述方法检查调节器和电刷组件，若不正常，需检修或更换。

④检修发电机总成。

4. 充电电流过大故障

（1）故障现象。

在蓄电池不亏电情况下，充电电流仍然在 10 A 以上；继电器经常烧蚀；各种灯泡经常损坏。

（2）故障原因。

发电机充电电流过大的原因一般是调节器调节电压过高或调节器失效。

（3）故障分析诊断与排除。

在确认灯泡易烧、蓄电池温度过高和电解液消耗过快而无其他原因时，应更换调节器。

5. 充电电流过小故障

（1）故障现象。

接通点火开关时充电指示灯能亮，发动机启动后和运转时充电指示灯也能熄灭，但蓄电池会很快出现亏电，并且启动发动机时启动机运转无力、夜间行车前照灯灯光暗淡。

（2）故障原因。

①发电机传动皮带过松或损坏。

②发电机 B 端子与蓄电池正极柱之间线路断路或导线端子接触不良。

③发电机电刷磨损过多导致电刷与滑环接触不良。

④发电机电刷弹簧卡滞或弹力不足而导致电刷与滑环接触不良。

⑤调节器的调节电压过低或其内部电路有故障。

⑥发电机转子绕组短路，使磁场变弱而导致发电机输出功率降低。

⑦发电机整流器故障或定子绕组有短路缺相故障而导致发电机输出功率降低。

⑧蓄电池使用时间过长，极板硫化损坏或活性物质脱落。

⑨全车线路中有导线搭铁而漏电。

（3）故障分析诊断与排除。

出现蓄电池充电不足现象时，具体诊断与排除方法按如下步骤进行。

①检查蓄电池的技术状态是否良好，如使用时间过长或负载电压低于 9.6 V，需更换蓄电池。

— 85 —

②检查传动皮带的挠度是否符合规定（标准值为5～7 mm）。

③检查交流发电机B端子至蓄电池之间的线路是否断路或导线端子是否接触不良。

④检测调节器的调节电压，如调节电压过低（低于14.2 V）或调节器损坏，应予更换新品。

⑤断开所有电器开关，拆下蓄电池正极电缆端子，并在该端子与蓄电池正极柱之间接一只电流表，检测全车线路有无漏电现象。如有漏电，可将驾驶室内和发动机罩下的熔断器上的熔断丝拔下，检查漏电发生在哪一条线路，然后进行排除。

⑥如上述检查结果均良好，则分解检修发电机总成。拆下发电机总成，检查电刷组件。

四、典型故障

1. 故障现象

一辆轿车，行驶7.8万 km，行驶过程中，汽车仪表盘提示充电系统故障，将车送到店内检修。

2. 故障现象诊断与排除

根据故障现象，查阅汽车充电系统电路图，如图3-1-3所示。

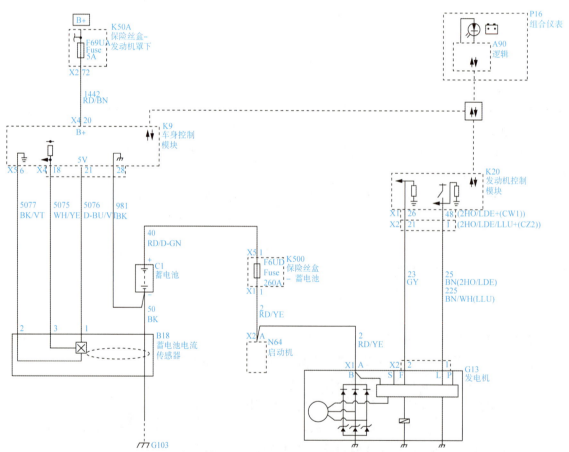

图 3-1-3　充电系统电路图

根据充电系统工作原理，建立其故障诊断思维导图，如图3-1-4所示。

项目三 电气设备的故障诊断与排除

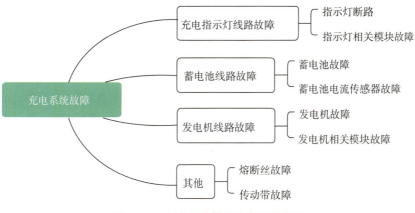

图 3-1-4　充电系统故障诊断思维导图

根据故障现象及故障诊断思维导图，进行故障诊断与排除。

（1）连接故障诊断仪，测试充电系统仪表充电指示灯电路动作，显示正常，排除充电指示灯线路故障。

（2）对蓄电池进行充电前和充电后、负载状态测试，测量结果正常，排除蓄电池本身故障。

（3）连接故障诊断仪，读取到故障码 DTC1516（含义为蓄电池电流传感器故障）。由于蓄电池电流传感器是一个三线霍尔效应电流传感器，蓄电池电流传感器检测流经蓄电池负极电缆的电流。车身控制模块向蓄电池电流传感器提供 5 V 参考电压和搭铁。车身控制模块检测 5 V 参考电压以确保电压范围正确。

（4）关闭点火开关，断开蓄电池电流传感器线束连接器，测试低电平参考电压和搭铁之间的端子电阻，测试值为 1.3 Ω，测试值正常。

（5）将点火开关置于"ON"位置，测试 5 V 参考电压电路端子 A 和搭铁之间的电压值，测试值为 5.1 V，测试值正常。

（6）将点火开关置于"ON"位置，测试信号电路端子 C 和搭铁之间的电压值，测试值为 5.1 V，测试值正常。

（7）以上所有测试正常，判定蓄电池电流传感器故障，更换蓄电池电流传感器。充电系统正常工作，充电系统故障排除。

充电系统的工作中，蓄电池反复使用到一定周期后需更换处理，汽车上常用的铅酸蓄电池如不按照要求规范处理，容易造成环境污染。保护环境，人人有责，在日常的工作学习中，我们也必须时刻增强个人的环保意识，从身边的小事做起。"绿水青山就是金山银山。"

实训工单　充电系统故障诊断

1. 车辆信息

项目	信息	项目	信息
车型		发动机型号	
VIN 码		行驶里程	

2. 实训准备及设备初步检查

序号	检查项目	结果确认	序号	检查项目	结果确认
1	汽车停放位置与举升机状况确认		6	发动机机油液位、冷却液检查	
2	放置车轮挡块		7	蓄电池电缆接头检测	
3	连接尾气尾排		8	仪器设备准备	
4	放置车外三件套		9	测量工具准备	
5	放置车内三件套		10	技术资料准备	

3. 故障现象确认

经确认，该车故障现象如下。

4. 故障诊断流程分析

经小组讨论，故障诊断流程如下。

5. 检测过程与分析

（1）基础检测。

序号	检测项目	结果确认	序号	检测项目	结果确认
1	蓄电池电压		4	油气管路连接	
2	仪表板故障灯		5	电气元件连接	
3	燃油量		6	故障码	

（2）进一步检测与排除。

序号	检测项目	检测工况/方法	测量参数	结果分析
1	检测仪表充电指示灯及相关线路			
2	检测仪表盘控制信号			
3	检测蓄电池			
4	检测蓄电池电流传感器信号			
5	检测蓄电池电流传感器电压			
6	检测蓄电池电流传感器搭铁			
7	检测发电机			
8	检测发电机L端子			
9	检测发电机F端子			

项目三　电气设备的故障诊断与排除

（3）故障点及排除方法。

_____

_____

_____

6. 设备复位

序号	检查项目	结果确认	序号	检查项目	结果确认
1	收起车轮挡块		5	仪器设备复位	
2	收起尾气尾排		6	测量工具复位	
3	收起车外三件套		7	技术资料复位	
4	收起车内三件套		8	场地清洁	

7. 评价与反馈

（1）学习小结。

序号	项目	操作内容	标准分	实际评分	备注
1	任务准备	实训准备及设备初步检查	10		
2	实施过程	故障解码仪读取故障码/数据流	30		
3	完成质量	测量数据准确、排除故障	20		
4	完成时间	90 min	10		
5	安全操作	个人防护、设备安全等	20		
6	5S工作	设备复位等	10		
		总分			

（2）成绩评定。

小组评议等级：_____　　组长签名：_____

教师评议等级：_____　　教师签名：_____

课 后 习 题

一、选择题

1. 充满电后蓄电池正极板的物质为（　　）。

　A. 铅　　　　　　　　　　　　　　B. 硫酸铅

　C. 二氧化铅　　　　　　　　　　　D. 硫酸

2. 蓄电池在放电过程中，其电解液的密度是（　　）。

　A. 不断上升的　　　B. 不断下降的　　　C. 保持不变的

3. 下列哪一个原因可造成蓄电池硫化？（　　）

　A. 大电流过充电

　B. 电解液液面过高

　C. 长期充电不足

4. 在讨论蓄电池电极桩的连接时，甲说脱开蓄电池电缆时，始终要先拆下负极电缆；乙说连接蓄电池电缆时，始终要先连接负极电缆。你认为（　　）

  A. 甲正确   B. 乙正确

  C. 甲乙都正确   D. 甲乙都不正确

5. 随着蓄电池放电电流的增大，其容量将（　　）。

  A. 增大   B. 不变   C. 减小

二、判断题

1. 不同电压等级的蓄电池可串在一起进行定压充电。（　　）

2. 在一个单格蓄电池中，正极板的片数总是比负极板的片数多一片。（　　）

3. 免维护蓄电池在使用过程中不需要补加蒸馏水。（　　）

4. 蓄电池正极板上的活性物质是二氧化铅，负极板上的活性物质是海绵状纯铅。（　　）

5. 蓄电池指示灯是显示蓄电池工作状态的指示灯。发动机启动后亮起。如果熄灭应立即检查发电机及电路。（　　）

任务二　照明与信号系统的故障诊断与排除

一、任务描述

一辆轿车，行驶里程8万km，夜间行驶过程中使用前照灯时近光灯亮，变光至远光时全部的远光灯都不亮。如果你是维修技师，能确定此故障并将其排除吗？

为了排除该故障，应完成以下内容：

（1）熟悉汽车照明系统的相关知识。

（2）在实车上对照明系统进行部件及线路测试。

（3）在实车上对照明系统故障进行诊断与排除。

（4）完成并填写实训工单的相关项目。

二、学习目标

（一）知识目标

（1）能描述照明系统的工作原理。

（2）能描述检测照明系统相关部件的方法。

（3）能描述诊断并排除照明系统故障的思路及方法。

（4）能描述信号系统的工作原理。

（5）能描述检测信号系统相关部件的方法。

（6）能描述诊断并排除信号系统故障的思路及方法。

（二）技能目标

（1）能检测排除照明系统的电路故障。

（2）能检测排除信号系统的电路故障。

三、故障原因分析

（一）照明与信号系统的作用和组成

1. 照明系统的作用和组成

为保证汽车在无光或者微光条件下方便、安全和舒适地行驶，汽车上设置照明系统。现代汽车的照明装置除了照明功能外，还注重美观，随着汽车电子技术应用程度的不断提高，照明系统正在向智能化方向发展。照明系统主要包括外部照明灯具和内部照明灯具，主要用于夜间行车照明、车内照明、仪表照明及检修照明。常用的照明灯具如下。

（1）前照灯。

前照灯又称为前大灯，安装在汽车头部两侧，用于夜间行车道路的照明，有两灯制和四灯制之分。前照灯灯光颜色为白色，灯泡功率远光灯为 45～60 W，近光灯为 25～55 W。前照灯应能保证提供车前 100 m 以上路面明亮、均匀的照明，并且不应对迎面来车的驾驶人造成眩目。随着车速的不断提高，汽车上前照灯的照明距离可达到 200～300 m。

随着车辆高速化的发展，有些国家开始试行三光束系统。三光束是指高速远光、高速近光、近光。在高速公路上行驶时，用高速远光；在无迎面来车的道路上行驶或在高速公路上会车时，用高速近光；在有迎面来车和市区行驶时，用近光。

（2）雾灯。

雾灯有前雾灯和后雾灯两种。雾灯灯光颜色规定为波长较长的黄色、橘色或红色。前雾灯安装在前照灯附近，一般比前照灯的位置稍低，用于在雨雾天气行车时照明道路，灯泡功率一般为 35 W；后雾灯灯光颜色为红色，以警示尾随车辆保持安全距离，灯泡功率一般为 21 W。

（3）牌照灯。

牌照灯安装于汽车尾部的牌照上方，用于夜间照亮汽车牌照，要求夜间在车后 20 m 处能看清牌照号码。其灯光颜色为白色，灯泡功率为 8～10 W。

（4）仪表灯。

仪表灯安装在汽车仪表板上，用于仪表照明，以便驾驶人获取行车信息和正确进行操作。其数量根据仪表设计布局而定，灯光颜色一般为白色。

（5）顶灯。

顶灯安装在驾驶室或车厢内顶部，为驾驶室或车厢内的照明灯具，灯光颜色一般为白色。

（6）工作灯。

工作灯是车辆维修时可以移动使用的一种随车低压照明工具，电源来自发电机或者电池。其常带有挂钩或夹钳，插头有点烟器式和两柱插头式两种。

（7）踏步灯。

踏步灯一般安装在汽车上下车台阶的左右两侧，作用是照明车门的踏步处，方便乘客上下车，灯光颜色一般为白色。

（8）阅读灯。

阅读灯安装在乘员席前部或顶部，要求聚光时乘员看书不会使驾驶人产生炫目的感觉，照明范围较小，有的还有光轴方向调节机构。

（9）门灯。

门灯安装在轿车外张式车门内侧底部，开启车门时，门灯发亮，以告示后来行人和车辆注意避让。

功率为5 W，灯光颜色为红色。

（10）行李舱灯。

行李舱灯为轿车行李舱内的灯具，灯光颜色为白色。

目前，多将前照灯、雾灯和前位灯等组合起来，称为组合前灯，将后位灯、后转向信号灯、制动信号灯和倒车灯组合起来，称为组合后灯。

2. 信号系统的作用和组成

信号系统主要包括外部信号灯具和内部信号灯具，主要用于向他人或其他车辆发出警告和示意的信号。常用的信号灯具如下。

（1）转向信号灯。

转向灯一般有4只或6只，装在汽车前后或侧面，功率一般为20 W，用于在汽车转弯时发出明暗交替的闪光信号，使前后车辆、行人和交警知其行驶方向。

（2）危险警告灯。

危险警告灯与转向信号灯是同一套灯具。当车辆出现故障停在路面上时，按下危险报警开关，全部转向灯同时闪亮，提醒后方车辆避让。

（3）示位灯。

示位灯又称示宽灯、位置灯，安装在汽车前面、后面和侧面，其作用是夜间行车或停车时标志车辆的形状与位置，功率一般为5～10 W。前示位灯俗称"小灯"，灯光颜色为白色或黄色；后位灯俗称"尾灯"，灯光颜色为红色；侧位灯灯光颜色为琥珀色。

（4）制动灯。

制动灯安装于汽车后面，用于当汽车制动或减速停车时向车后发出灯光信号，以警示随后的车辆及行人。多采用组合式灯具，一般与尾灯共用灯泡（双灯丝），但制动灯功率较大，约为20 W。

（5）倒车灯。

倒车灯安装在汽车尾部，左右各一只，灯光颜色为白色，用于照亮车后路面，并警告车后的车辆和行人该车正在倒车。

（6）驻车灯。

驻车灯安装于车头和车尾两侧，用于夜间停车时标志车辆形位。当接通驻车灯开关时，仪表照明灯、牌照灯并不亮，耗电量比示位灯小。

（7）挂车标志灯。

全挂车在挂车前部的左右各安装一个红色的标志灯，其高度要求高出全挂车的前栏板300～400 mm，距外侧车厢小于150 mm，以引起其他驾驶人的注意。

（8）喇叭。

喇叭为声响信号装置，按下喇叭按钮可发出声响，警告行人和车辆，以确保行车安全。

（二）照明系统常见故障诊断

照明系统常见故障主要表现为不工作或工作不良，如两侧灯光均不亮，单侧灯光不亮，切换至远光时远光不亮，灯光亮度不足等。

1. 两侧灯光均不亮故障

（1）故障现象。

打开灯光开关，左右两侧前照灯均不亮，切换至远光，远光均不亮，仪表远光指示灯均无显示。

（2）原因分析。

①前照灯熔断器断路。

项目三　电气设备的故障诊断与排除

②前照灯继电器损坏。
③灯光开关损坏。
④带开关模块的车辆开关模块损坏。
⑤电子控制前照灯灯光模块损坏。
⑥车身数据总线或线路断路、短路。

（3）诊断思路。
①检查前照灯熔断器。
②检查前照灯继电器。
③检查灯光开关或开关模块。
④检查灯光线路和总线。
⑤检查灯光模块。

2. 单侧灯光不亮故障

（1）故障现象。

打开灯光开关，单侧远、近光均无法点亮，仪表远光指示灯无显示。

（2）原因分析。
①单侧的前照灯熔断器断路。
②单侧的前照灯灯丝熔断。
③单侧搭铁点松脱或前照灯插头松脱。
④带开关模块的车辆开关模块损坏。
⑤电子控制前照灯灯光模块损坏。

（3）诊断思路。
①检查单侧的前照灯熔断器。
②检查单侧前照灯灯丝。
③检查单侧灯泡搭铁和插头连接。
④检查灯光开关或开关模块。
⑤检查灯光模块。

3. 远近光无法切换故障

（1）故障现象。

打开灯光开关，近光正常，无法切换至远光，仪表远光指示灯无显示。

（2）原因分析。
①变光开关损坏。
②带开关模块的车辆开关模块损坏。
③熔断器损坏。
④电子控制前照灯灯光模块损坏。

（3）诊断思路。
①检查变光开关或开关模块。
②检查熔断器。
③检查灯光开关或开关模块。
④检查灯光模块。

4. 前照灯亮度不足故障

（1）故障现象。

打开远光，近光正常点亮，远光偏暗，仪表远光指示灯显示正常。

汽车故障诊断技术

(2) 原因分析。
① 蓄电池电压低。
② 搭铁或接头氧化、松脱。
③ 灯泡额定电压不符。
④ 灯泡功率偏低。
(3) 诊断思路。
① 检查蓄电池电压。
② 检查搭铁和插头连接。
③ 检查灯泡额定电压。
④ 检查灯泡功率。
针对照明系统以上几种常见故障现象，确定其故障诊断流程如图 3-2-1 所示。

图 3-2-1　照明系统故障诊断流程

（三）信号系统常见故障诊断

信号系统常见故障有信号灯不亮和信号灯不能正常工作两种，包括转向信号灯和危险警告灯不能正常工作，制动灯和倒车灯不能正常工作，转向信号灯闪光频率不正常，喇叭不工作或声音不正常等，以下仅详细介绍其中几种。

1. 转向信号灯不亮故障

(1) 故障现象。
打开点火开关，接通转向信号灯开关，转向信号灯不工作。
(2) 原因分析。
① 转向信号灯熔断器断路。
② 闪光继电器损坏。
③ 灯光开关损坏。
④ 带开关模块的车辆开关模块损坏。
⑤ 电子控制转向信号灯灯光模块损坏。
⑥ 车身数据总线或线路断路、短路。
(3) 诊断思路。
① 检查转向信号灯熔断丝。
② 检查转向信号灯闪光继电器。

③检查灯光开关或开关模块。
④检查灯光线路和总线。
⑤检查灯光模块。

2. 转向信号灯闪光频率不正常故障

（1）故障现象。
打开点火开关，接通转向信号灯开关，左右转向信号灯的闪光频率不一致或者闪光频率不正常。
（2）原因分析。
①导线接触不良。
②灯泡功率选用不一致或一边有灯泡烧坏。
③闪光器故障。
（3）诊断思路。
①检查闪光器、转向信号灯开关接线柱是否接触不良。
②检查两侧灯泡功率选用是否一致或灯泡是否烧坏。
③检查闪光器。

3. 喇叭不工作故障

（1）故障现象。
按动喇叭开关，喇叭无声响或喇叭有时响有时不响。
（2）原因分析。
①喇叭损坏。
②喇叭熔断丝损坏。
③喇叭开关损坏或接触不良。
④喇叭电源线路故障。
（3）诊断思路。
①检查喇叭元件本身故障。
②检查喇叭熔断丝。
③检查喇叭开关接线柱是否损坏或接触不良。
④检查相关线路。
⑤检查模块信号。

针对信号系统以上几种常见故障现象，确定其故障诊断流程如图 3-2-2 所示。

图 3-2-2　信号系统故障诊断流程

四、典型故障

一辆轿车，驾驶员反映夜间行车过程中，使用前照灯时近光灯亮，变光至远光时全部的远光灯都不亮。根据典型的故障现象分析故障原因并排除。

该车的前照灯电路图如图 3-2-3 所示。

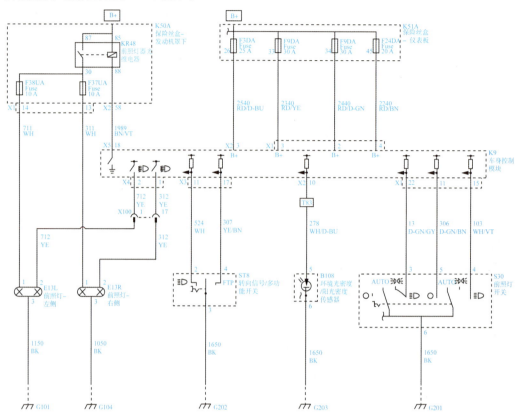

图 3-2-3　前照灯电路图

前照灯、远光灯的工作原理：由电路分析可知，远光继电器始终由蓄电池电压供电，按下转向信号/多功能开关，转向信号多功能开关电路搭铁，车身控制模块通过向前照灯远光灯继电器控制电路提供搭铁，使前照灯远光灯继电器通电。当前照灯远光灯继电器通电时，继电器开关触点闭合，通过远光灯保险丝提供远光灯电源电压电路，从而点亮远光灯。

前照灯、远光灯不亮的故障原因分析：故障现象中，近光灯可以点亮，远光灯无法点亮，则可能故障原因如下。

（1）远光灯灯泡损坏。

（2）转向信号/多功能开关故障。

（3）远光灯保险丝故障。

（4）远光灯继电器故障。

（5）远光灯信号模块故障。

（6）远光灯搭铁故障。

故障诊断流程：

（1）点火开关置于"OFF"位置，连接故障诊断仪，点火开关置于"ON"位置，开始诊断，建立连接，读取车外照明数据流，故障码显示远光和闪光电路故障。

项目三 电气设备的故障诊断与排除

（2）操作前照灯闪光开关，前照灯闪光开关参数值在"激活"和"不活动"之间切换。

（3）操作远光选择开关，远光选择开关参数值在"激活"和"不活动"之间切换，确定"转向信号/多功能开关"正常。

（4）执行元件检测，选择车外照明，对左右两侧远光灯进行动作测试，未按照指令切换，确定故障为远光大灯相关线路。

（5）点火开关置于"OFF"位置，断开大灯线束连接器，测试端子3和搭铁之间的电阻，测试值小于5 Ω，搭铁线路正常。

（6）拆下远光灯保险丝，在保险丝输出触点和B+之间安装一条带10 A保险丝的跨接线，确认相应的远光灯可以点亮。

（7）断开保险丝盒下的X2线束连接器，在58端子和B+之间连接一个测试灯，操作S78开关时，测试灯可点亮和熄灭。

（8）确认故障为保险丝故障，更换保险丝。

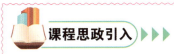
课程思政引入 ▶▶▶

汽车照明系统方便了我们的夜间行车，而夜间行车灯如果使用不当会造成很大的危害，强烈的灯光严重可以瞬间致盲，轻则使人对速度、距离和宽度的判断力下降，后车开远光也会影响驾驶员的判断。因此，在夜间会车时，应正确使用远近光灯，做文明人，养成文明驾驶习惯，正确使用前照灯。

实训工单　前照灯故障诊断

1. 车辆信息

项目	信息	项目	信息
车型		发动机型号	
VIN 码		行驶里程	

2. 实训准备及设备初步检查

序号	检查项目	结果确认	序号	检查项目	结果确认
1	汽车停放位置与举升机状况确认		6	发动机机油液位、冷却液检查	
2	放置车轮挡块		7	蓄电池电缆接头检测	
3	连接尾气尾排		8	仪器设备准备	
4	放置车外三件套		9	测量工具准备	
5	放置车内三件套		10	技术资料准备	

3. 故障现象确认

经确认，该车故障现象如下。

4. 故障诊断流程分析

经小组讨论，故障诊断流程如下。

___
___
___

5. 检测过程与分析

（1）基础检测。

序号	检测项目	结果确认	序号	检测项目	结果确认
1	蓄电池电压		4	油气管路连接	
2	仪表板故障灯		5	电气元件连接	
3	燃油量		6	故障码	

（2）进一步检测与排除。

序号	检测项目	检测工况/方法	测量参数	结果分析
1	测试前照灯，验证故障现象			
2	检测前照灯闪光开关			
3	检测远光选择开关			
4	检测左远光灯控制电路搭铁			
5	检测右远光灯控制电路搭铁			
6	检测远光灯控制电路电压短路			
7	检测远光灯控制电路电压断路			

（3）故障点及排除方法。

___
___
___

6. 设备复位

序号	检查项目	结果确认	序号	检查项目	结果确认
1	收起车轮挡块		5	仪器设备复位	
2	收起尾气尾排		6	测量工具复位	
3	收起车外三件套		7	技术资料复位	
4	收起车内三件套		8	场地清洁	

7. 评价与反馈

（1）学习小结。

序号	项目	操作内容	标准分	实际评分	备注
1	任务准备	实训准备及设备初步检查	10		

项目三　电气设备的故障诊断与排除

（续表）

序号	项目	操作内容	标准分	实际评分	备注
2	实施过程	故障解码仪读取故障码/数据流	30		
3	完成质量	测量数据准确、排除故障	20		
4	完成时间	90 min	10		
5	安全操作	个人防护、设备安全等	20		
6	5S 工作	设备复位等	10		
		总分			

（2）成绩评定。

小组评议等级：＿＿＿＿＿＿＿＿　　　组长签名：＿＿＿＿＿＿＿＿

教师评议等级：＿＿＿＿＿＿＿＿　　　教师签名：＿＿＿＿＿＿＿＿

课 后 习 题

一、选择题

1. 关于危险警告灯下列选项错误的是（　　）。

A. 危险警告灯工作时会同时闪烁所有的转向灯

B. 危险警告灯为闪烁光源

C. 危险警告灯只能在点火成功后启动

D. 危险警告灯用来提醒其他车辆及行人本车发生了特殊情况，请注意避让

2. 控制转向信号灯闪光频率的是（　　）。

A. 转向开关　　　　　　B. 点火开关　　　　　　C. 闪光器

3. 更换卤素灯泡时，甲认为可以用手指接触灯泡的玻璃部件，乙认为不能。你认为（　　）。

A. 甲正确　　　　　　B. 乙正确　　　　　　C. 都正确

4. 前照灯变光开关的作用是根据行驶与会车的需要，实现远光与近光的（　　）。

A. 开启　　　　　　　　　　　　　　B. 关闭

C. 变换　　　　　　　　　　　　　　D. 以上三种说法均正确

二、判断题

1. 自适应四向调节前照灯系统（AFS）是将左右和上下调节的功能组合在一起组成的，并且只需一个前照灯控制模块。每个前照灯内部都有两个调节执行器，分别调整前照灯左右和上下的照射角度。（　　）

2. 配光镜不属于汽车前照灯的组成部分。（　　）

3. 对于模块化控制前照灯电路，可通过用故障诊断仪读取数据流的方式判断开关及相关线路的好坏。（　　）

4. 点火开关置于"ON"位置，环境光照度/阳光照度传感器检测到开启前照灯近光的光照度并将光照度信号提供给车身控制模块，车身控制模块将控制前照灯近光自动开启。（　　）

5. 无论近光灯是否开启，可通过超车灯开关开启远光灯。（　　）

任务三　空调系统的故障诊断与排除

一、任务描述

一辆轿车，行驶里程 7 万 km，行驶过程中空调系统开启，却不制冷。如果你是维修技师，能确定此故障并将其排除吗？

为了排除该故障，应完成以下内容：
(1) 熟悉汽车空调系统的相关知识。
(2) 在实车上对空调系统进行部件及线路测试。
(3) 在实车上对空调制冷系统故障进行诊断与排除。
(4) 完成并填写实训工单的相关项目。

二、学习目标

（一）知识目标

(1) 能描述空调系统的工作原理。
(2) 能描述检测空调系统相关部件的方法。
(3) 能描述诊断并排除空调系统故障的思路及方法。

（二）技能目标

(1) 能检查更换制冷系统部件。
(2) 能检测空调制冷循环系统电路故障。
(3) 能检测分析自动控制空调系统故障并排除。

三、故障原因分析

（一）工作原理

汽车空调是对汽车内的空气进行调节的装置，它能保证车内环境的舒适性，保持车内空气的温度、湿度、流速、洁净度等在舒适性的标准范围内，不仅有利于车内人员的身体健康，提高其工作效率和生活质量，还可增加汽车行驶的安全性。空调系统由制冷系统、采暖装置、通风装置、操纵控制系统及空气净化装置等组成。

1. 制冷系统

制冷系统一般由压缩机、冷凝器、蒸发器、膨胀阀或孔管、储液干燥器、高低压管路、控制系统组成。其采用蒸气压缩式制冷原理对空气进行冷却，还具有除湿和净化空气的作用。

2. 采暖装置

采暖装置是汽车冬季运行时车内取暖设备的总成，可将新鲜空气或液体介质送入热交换器，吸收热源的能量，提高车内空气温度或液体介质温度，并将热空气或被加热的液化剂通过热交换器（散热器）供车内取暖，同时还可对前挡风玻璃进行除霜。

项目三 电气设备的故障诊断与排除

3. 通风装置

通风装置包括暖风电动机、风道、风门和出风口等，它把车外的新鲜空气引入车内，把车内的污浊空气排出车外。

4. 操纵控制系统

操纵控制系统一般由电气系统、真空系统和操纵装置组成，可对制冷系统和采暖装置的工作进行控制，同时对车内温度、风量及空气流动方向进行调节，保证空调系统能够正常工作。

5. 空气净化装置

空气净化装置通常由空气过滤器、排风口、电气集尘器和阴离子发生器等组成，可对引入车内的空气进行过滤，并不断排出车内的污浊气体，保证车内空气洁净。

空调制冷循环的工作原理包括以下 4 个基本过程。

1. 压缩过程

制冷剂 R134a 在蒸发器中吸收车内热量而汽化为低压、低温的制冷剂蒸气，然后被吸入空调。

2. 放热过程

压缩机在发动机驱动下旋转，将制冷剂 R134a 蒸气压缩成高压、高温的气体送入冷凝器。制冷剂被环境空气冷却，在冷凝器中放出热量后，由气态冷凝成液态。

3. 节流过程

液态制冷剂经储液器过滤除去水分后，高温、高压的制冷剂通过节流装置（膨胀阀或节流管）。

4. 吸热过程

低温、低压的制冷剂在蒸发器内吸收周围空气中的大量热量，由液态变成气态，又被吸入压缩机，开始下一个循环工作。如此周而复始地循环，使车内温度降低。

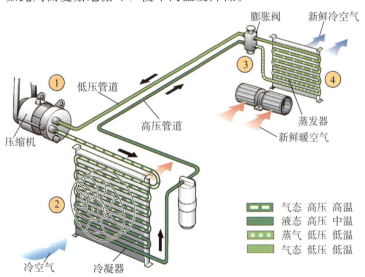

图 3-3-1 空调制冷循环过程

（二）空调系统故障检测方法

汽车空调系统是一个封闭的系统，制冷剂在系统内的工作状态不易判断，且系统中存有高压制冷剂，因此空调出现故障时，不能随意拆检。空调制冷系统的主要检测方法有静态和动态检测方法，结合"听、看、摸、测"的方法确定空调系统故障原因，确定故障部位。

汽车故障诊断技术

1. 静态外观检查

在发动机和制冷系统都静止的状态下,对空调系统的机械传动、功能部件、管路连接等进行外部检查,看是否有污垢和锈蚀等。机械传动部分主要是检查压缩机传动带的松紧度是否合适,一般以手指压在传动带中间位置,传动带下凹 10 mm 为宜。检查部件安装是否有松动,部件外部是否有损伤;特别是冷凝器,长期工作于自然环境中,溅起的泥浆、雨水容易使其锈蚀,在汽车高速行驶过程中,飞起的石子也有可能将其击伤。检查管路接头是否有松动、泄漏造成的油渍等。检查通风窗口是否有杂物封堵,通风系统各阀门动作是否灵活等。

2. 静态压力检查

按规范将歧管压力表的红管和蓝管分别连接到高、低压检修口上,关闭高、低压检修阀,读取数值,如图 3-3-2 所示。正常情况下,高、低压侧压力相等,环境温度与制冷剂压力的关系见表 3-3-1。

图 3-3-2 空调设备压力检测

表 3-3-1 环境温度与制冷剂压力的关系

项目	标准 1	标准 2	标准 3
温度	高于 16 ℃	高于 24 ℃	高于 33 ℃
压力	345 kPa	483 kPa	690 kPa

结合环境温度,判断高压和低压侧压力是否都在规定范围之内。注意:制冷剂压力随温度的变化而变化。在对应的环境温度下,高压和低压侧压力应符合要求,如不符合要求,应对空调系统进行泄漏检查。

3. 动态压力温度检查

动态检测的目的是测量空调制冷循环系统性能,判定空调系统的工作状态。

打开全部车门,将温度设置为最低,鼓风机转速设置为最高值,内外循环设置为内循环模式,出风模式设置为吹面模式。启动发动机,让空调系统运行 5 min,稍踩加速踏板,将发动机转速保持在 2 000 r/min 左右。

用手触摸空调系统管路及各部件,检查其表面温度,正常情况下,低压管路是低温状态,高压管路是高温状态。

(1)高压区。从压缩机出口至膨胀阀进口处,这部分是制冷系统的高压区,这部分部件应该先烫后热,温度是很高的,手摸时应小心,防止烫伤。如果在其中的某部分发现特别热的部位(如冷凝器表面),则说明此部位有问题,散热不好。如果某部位(如膨胀阀入口)特别凉或者结霜,说明此部位有问题,可能是堵塞。储液干燥器进、出口之间若有明显温差,则说明此处有堵塞,或者制冷剂量不正常。

(2) 低压区。从膨胀阀出口至压缩机进口,这部分为低压区,部件表面应该是冰凉的,但膨胀阀处不应该发生霜冻现象。

(3) 用温度计检查出风口的温度。将温度计装在中央出风口并记录数据。空调出风口正常温度一般为 2~7 ℃。若高于 7 ℃,须进行制冷系统压力测试。压力测试时,连接歧管压力表,读取系统高、低压侧工作压力数值,若数据符合要求,则可判定空调系统正常。

(三) 空调系统常见故障诊断

空调系统常见故障有电气系统故障、功能部件的机械故障、制冷剂和冷冻油引起的故障等,这些故障集中表现为空调系统不制冷或制冷不足、无暖风或暖风不足、异响等。

1. 空调系统不制冷

故障现象:空调开关开启,出风口无冷风吹出,或出风口正常出风但不是冷风,把温度调节器开关调节到温度最低,依旧不出凉风。

故障原因:压缩机带过松或压缩机本身故障;电磁离合器故障,制冷回路不通畅;鼓风机转动异常;膨胀阀损坏;空调相关线路故障。

故障诊断方法:空调系统不制冷故障诊断流程如图 3-3-3 所示。

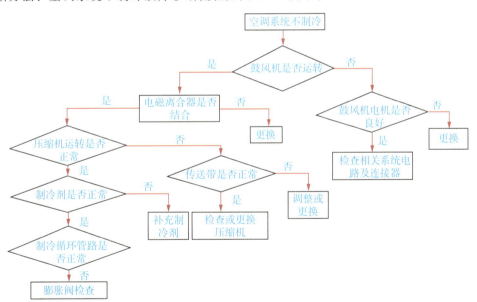

图 3-3-3 空调系统不制冷故障诊断流程

2. 空调系统制冷不足

故障现象:空调开关开启,出风口有冷风吹出,但凉度不够,把温度调节器开关调节到温度最低,凉风出风凉度仍然不够。

故障原因:压缩机带过松,压缩机离合器打滑;制冷剂不足或制冷剂注入量过多,系统中有空气或堵塞,回路不通畅;膨胀阀开度不合适,膨胀阀感温包损坏;冷凝器温度过高,空调相关线路故障。

汽车故障诊断技术

故障诊断方法：空调系统制冷不足故障诊断流程如图 3-3-4 所示。

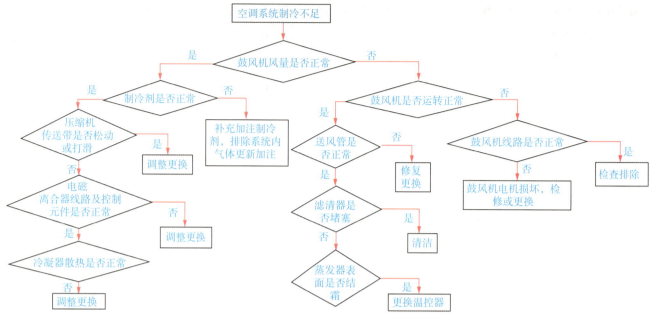

图 3-3-4　空调系统制冷量不足故障诊断流程

3. 空调系统无暖风或暖风不足

故障现象：空调暖风开关开启，车内无暖风或者暖风不够热，不能满足车内取暖的需求，达不到风窗除霜的目的。

故障原因：管路及加热器芯堵塞或者漏水；加热器控制阀不通畅；鼓风机转动异常；调温门位置不当，工作失灵；发动机节温器损坏。

故障诊断方法：暖风系统故障诊断可分别按照热水循环回路故障和通风装置故障两方面进行检查和排除。空调无暖风或暖风不足诊断流程如图 3-3-5 所示。

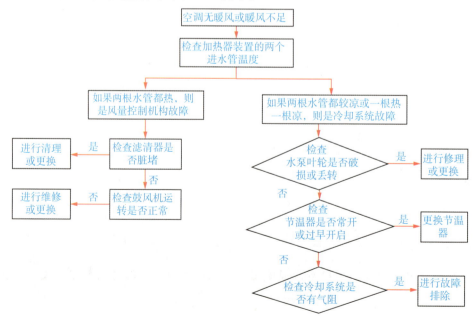

图 3-3-5　空调无暖风或暖风不足诊断流程

项目三　电气设备的故障诊断与排除

4. 空调系统异响

故障现象：空调开关开启，发出异常的声响或出现震动。

故障原因：压缩机驱动带过松或磨损过度；压缩机安装支架松动；冷冻机油过少，配合副出现干摩擦；电磁离合器轴承损坏，安装不当；鼓风机电动机磨损过度或损坏。

故障诊断方法：空调系统异响故障诊断流程如图 3-3-6 所示。

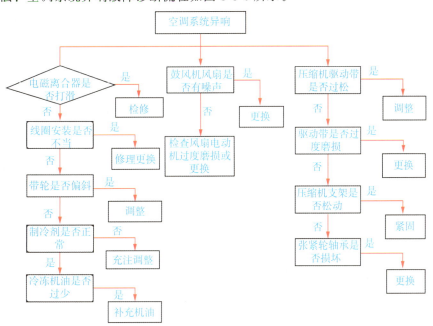

图 3-3-6　空调系统异响故障诊断流程

四、典型故障

故障现象：一辆轿车在开始运行时，空调制冷循环系统正常工作，但在行驶过程中空调系统突然停止工作，空调压缩机不工作。

经核查了解该款轿车配置的是自动空调控制系统。自动空调利用传感器随时检测车内温度及车外环境温度的变化，并把检测到的信号输送给空调控制单元 ECU，ECU 则按预先编制的程序对信号进行处理，并通过伺服电机等执行元件，不断地对风机转速、出风温度、送风模式及压缩机工作情况等进行调节，从而使车内空气温度及流动状态始终保持在驾驶员设定的水平上。自动空调具备诊断功能，利于对电控元件及线路故障进行检测。

自动空调控制系统组成如图 3-3-7 所示。

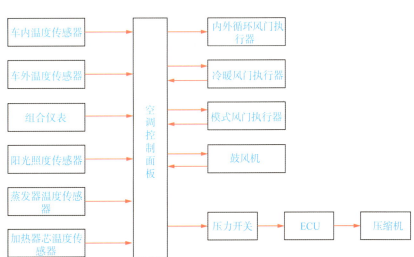

图 3-3-7　自动空调控制系统组成

故障原因分析：对照空调压缩机离合器控制电路图（图 3-3-8）分析压缩机电磁离合器不吸合的原因，

即空调压缩机电磁离合器及供电线路、空调压缩机电磁离合器继电器、空调制冷剂压力传感器、空调控制模块线路、空调控制开关组件、发动机控制模块及相关线路的损坏均会造成空调压缩机电磁离合器不吸合的故障。

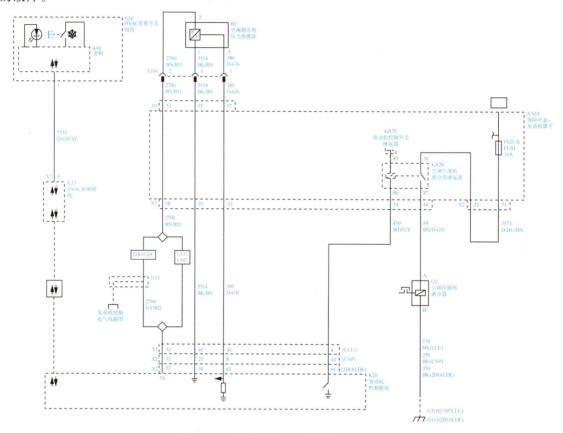

图 3-3-8　空调压缩机离合器控制电路图

故障诊断流程：

（1）外观检查线路、各插接器安装是否良好，有无虚接现象。

（2）用万用表检查压缩机熔断丝是否完好。

（3）连接故障诊断仪，检查有关空调系统的故障码，根据故障码进行检修，检测到故障诊断码 P0645 和 P0646 以及 P0647，其含义为发动机控制模块检测到空调压缩机离合器控制电路对电压短路或开路，发动机控制模块检测到空调压缩机离合器控制电路对电压短路。

（4）将点火开关置于"ON"位置，打开故障诊断仪指令空调离合器打开或关闭，确认空调压缩机离合器发出"咔嗒"响声。

（5）将点火开关置于"OFF"位置，断开 KR29 空调压缩机离合器继电器，再将点火开关置于"ON"位置，确认 B+电路端子和 85 之间的测试灯点亮。

（6）测试灯点亮，B+电路端子 85 和控制电路端子 86 之间连接一个测试灯，用故障诊断仪指令空调压缩机离合器打开和关闭，确定测试灯和点亮。

（7）测试灯始终点亮，将点火开关置于"OFF"位置，断开 K20 发动机控制模块连接线束，再将点火开关置于"ON"位置，测试控制电路和搭铁之间的电阻，测试的电阻值部位无穷大，确定故障为电路对搭铁短路。

项目三　电气设备的故障诊断与排除

实训工单　空调压缩机故障诊断

1. 车辆信息

项目	信息	项目	信息
车型		发动机型号	
VIN 码		行驶里程	

2. 实训准备及设备初步检查

序号	检查项目	结果确认	序号	检查项目	结果确认
1	汽车停放位置与举升机状况确认		6	发动机机油液位、冷却液检查	
2	放置车轮挡块		7	蓄电池电缆接头检测	
3	连接尾气尾排		8	仪器设备准备	
4	放置车外三件套		9	测量工具准备	
5	放置车内三件套		10	技术资料准备	

3. 故障现象确认

经确认，该车故障现象如下。

_____

4. 故障诊断流程分析

经小组讨论，故障诊断流程如下。

_____
_____
_____

5. 检测过程与分析

（1）基础检测。

序号	检测项目	结果确认	序号	检测项目	结果确认
1	蓄电池电压		4	油气管路连接	
2	仪表板故障灯		5	电气元件连接	
3	燃油量		6	故障码	

（2）进一步检测与排除。

序号	检测项目	检测工况/方法	测量参数	结果分析
1	空调自诊断			
2	检测空调压缩机离合器 B+端子			
3	检测空调压缩机离合器搭铁			
4	检测空调压缩机离合器控制信号			

— 107 —

(3) 故障点及排除方法。

_____
_____
_____

6. 设备复位

序号	检查项目	结果确认	序号	检查项目	结果确认
1	收起车轮挡块		5	仪器设备复位	
2	收起尾气尾排		6	测量工具复位	
3	收起车外三件套		7	技术资料复位	
4	收起车内三件套		8	场地清洁	

7. 评价与反馈

（1）学习小结。

序号	项目	操作内容	标准分	实际评分	备注
1	任务准备	实训准备及设备初步检查	10		
2	实施过程	故障解码仪读取故障码/数据流	30		
3	完成质量	测量数据准确、排除故障	20		
4	完成时间	90 min	10		
5	安全操作	个人防护、设备安全等	20		
6	5S工作	设备复位等	10		
		总分			

（2）成绩评定。

小组评议等级：_____ 组长签名：_____

教师评议等级：_____ 教师签名：_____

课 后 习 题

一、选择题

1. 电磁离合器作用是接通或切断（　　）之间的动力传递。
   A. 发动机与压缩机
   B. 电磁离合器与压缩机
   C. 发动机与电磁离合器

2. 当汽车制冷效果不好时，下列选项中不正确的是（　　）。
   A. 可能是制冷剂不足　　　　　　　　B. 可能是压缩机功率下降
   C. 是冷却风扇电路有故障　　　　　　D. 可能是空调开关有故障

3. 在制冷循环系统中，冷凝器送出的制冷剂呈（　　）状态。
   A. 高压气体　　　　B. 低压液体　　　　C 高压液体

二、判断题

1. 空调制冷剂越多制冷效果越好。（   ）
2. R134a 空调系统的冷冻机油可以和 R12 的混用。（   ）
3. 汽车空调是根据物质状态改变时吸收或释放热量这一基本热原理工作的。（   ）
4. 汽车空调的冷凝器一般位于发动机冷却系统散热器的前面，将热量向汽车外部释放。（   ）
5. 蒸发器表面的温度越低越好。（   ）

任务四 车载网络系统的故障诊断与排除

一、任务描述

一辆轿车，行驶里程 8 万 km，启动机无运作声音，发动机无法启动，仪表板无故障灯报警。如果你是维修技师，能确定此故障并将其排除吗？

为了排除该故障，维修技术应完成以下内容：

(1) 熟悉车载网络系统的相关知识。
(2) 在实车上对 CAN 系统进行测试。
(3) 完成并填写学习工单的相关项目。

二、学习目标

（一）知识目标

(1) 能描述车载网络系统的工作原理。
(2) 能描述检测车载网络系统电路的方法。
(3) 能描述诊断并排除车载网络系统故障的思路及方法。

（二）技能目标

(1) 能检测车载网络系统。
(2) 能根据电路原理图分析车载网络系统故障。

三、故障原因分析

（一）车载网络系统工作原理

目前存在多种汽车网络标准，其侧重的功能有所不同，为了方便研究和设计应用，美国汽车工程师协会（Society of Automotive Engineers，SAE）将汽车网络根据位速率划分为 A、B、C、D、E 五类，见表 3-4-1。

表 3-4-1 车用网络的分类

类别	位速率	应用范围	目前主要网络
A	1～10 kbit/s	面向传感器、执行器，主要应用于电动门窗、座椅调节、灯光照明等控制	TTP/A、LIN

（续表）

类别	位速率	应用范围	目前主要网络
B	10～100 kbit/s	面向独立模块间的数据共享，主要应用于车辆信息中心、故障诊断、仪表显示等系统	低速 CAN、J1850、VAN
C	125～1 Mbit/s	面向实时控制，主要用于与汽车安全性相关以及实时性要求比较高的地方如动力系统	高速 CAN、TIP/C、FlexRay
D	250～40 Mbit/s	面向多媒体、导航系统等，主要用于娱乐和多媒体信息交换的车载网络	IDB.C、IDB.M、IDB.Wireless、MOST
E	10 Mbit/s	面向乘员的安全系统，主要应用于车辆被动安全领域	Byterlight

1. LIN 总线

LIN 是在 1999 年由欧洲汽车制造商 Audi、BMW、DaimlerChrysler、Volvo、Volkswagen 和 VCT 公司以及 Motorola 公司组成的 LIN 协会共同推出的用于汽车分布式电控系统的开放式的低成本串行通信标准，从 2003 年开始使用。

LIN 是一种基于 UART 的数据格式、主从结构的单线 12 V 的总线通信系统，主要用于智能传感器和执行器的串行通信。从硬件、软件以及电磁兼容性方面来看，LIN 保证了网络节点的互换性，极大地提高了开发速度，同时保证了网络的可靠性。由于 LIN 价格低廉，因此它可将 MCU 嵌入车身零部件中，使其成为具备网络功能智能零部件（Smart Parts）从而进一步减少线束、降低成本。LIN 网络已经广泛地被世界上的大多数汽车公司以及零配件厂商所接受，有望成为事实上的 A 类网络标准。

LIN 网络常用于车窗、天窗、后视镜等对网络速度要求不高的系统。LIN 网络结构如图 3-4-1 所示。

图 3-4-1　LIN 网络结构

LIN 总线的主要特性如下。

（1）最大传输速率为 20 kbit/s。
（2）低成本，基于通用 UART 接口，几乎所有微控制器都具备 LIN 必需的硬件。
（3）只需要一根数据传输线。
（4）单主控制器/多从控制器设备模式无须仲裁机制，通过单主/多从原则保证系统安全。
（5）从节点不需振荡器就能实现同步，节省了多从控制器部件的硬件成本。
（6）可以保证信号传输的延迟时间。
（7）不需要改变 LIN 节点上的硬件和软件就可以在网络上增加节点。
（8）通常一个 LIN 网络上节点数目小于 12 个，共有 64 个标志符。
（9）单线，基本色为紫色＋标识色。

2. CAN（驱动）总线

CAN 是德国 Bosch 公司 20 世纪 80 年代初开始为解决现代汽车中众多的控制与测试仪器之间的数据交换问题而开发的一种串行数据通信协议。它是一种多主总线，通信介质可以是双绞线、同轴电缆或光导纤维，通信速率可达 1 Mbit/s。1991 年其首次在奔驰 S 系列汽车中实现。同年，Bosch 公司正式颁布了 CAN 技术规范版本 2.0。1993 年 11 月，ISO 正式颁布了国际标准 ISO11898，为 CAN 的标准化、规范化铺平了道路。此后，越来越多的北美和日本汽车公司也开始采用 CAN 网络。1994 年，美国汽车工程师

项目三 电气设备的故障诊断与排除

协会卡车和巴士控制与通信子协会选择 CAN 作为 SAE j1939 标准的基础。CAN 凭借其突出的可靠性、实时性和灵活性已从众多总线中突显出来，成为世界范围内被接受的总线的主流协议。

CAN 总线的主要特征如下。

（1）500 kbit/s 特高速传输。

（2）双绞线：高线为橙色/黑色，低线为橙色/棕色。

（3）在一根线断路/短路时，所有功能都会停止。

CAN 总线结构如图 3-4-2 所示。

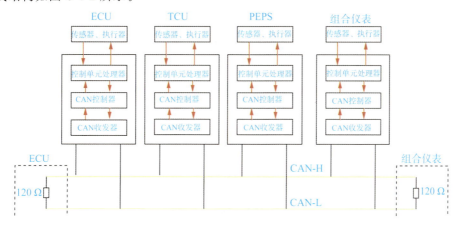

图 3-4-2　CAN 总线结构

CAN 数据总线用以传输数据的双向数据线，分为 CAN 高线（CAN-High）和 CAN 低线（CAN-Low）。数据总线没有指定接收器，数据通过数据总线发送并由各控制单元接收和计算。车辆在工作过程中，电火花、电路开关、移动电话和发送站以及任何产生电磁波的物体会产生电磁干扰。电磁干扰能够影响或破坏 CAN 的数据传输。为防止数据传输受到干扰，2 根数据传输线缠绕在一起且电压相反，这也可以防止数据线所产生的辐射噪音，如图 3-4-3 所示。

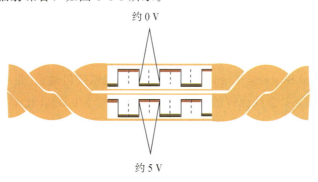

图 3-4-3　CAN 双向数据线

CAN 网络的数据总线在显性状态和隐性状态之间进行转换时，CAN 导线上的电压发生变化。在隐性状态时，这两条导线上作用着相同的预先设定值，该值称为静电平。对于驱动系统 CAN 总线来说，这个值大约为 2.5 V。静电平也称为隐性状态，因为连接的所有控制单元均可修改它。在显性状态时 CAN-High 线上的电压值会升高一个预定值（对驱动系统 CAN 总线来说，这个值至少为 1 V）；CAN-Low 线上的电压值会降低一个同样值（对驱动系统 CAN 总线来说，这个值至少为 1 V）。于是，在驱动系统 CAN 总线上 CAN-High 线就处于激活状态，其电压不低于 3.5 V（2.5 V＋1 V＝3.5 V），而 CAN-Low 线上的电压值最多可降至 1.5 V（2.5 V－1 V＝1.5 V），如图 3-4-4 所示。

汽车故障诊断技术

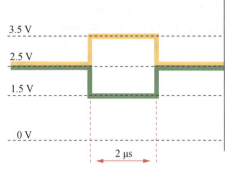

图 3-4-4　CAN 导线电压

差动信号放大器用 CAN-High 线上的电压（UCAN-High）减去 CAN-Low 线上的电压（UCAN-Low）计算出输出电压差，以消除静电平（对于 CAN 驱动系统数据总线来说是 2.5 V）或其他任意重叠的电压（例如干扰）。

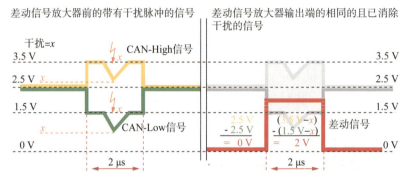

图 3-4-5　CAN 导线差动放大器防干扰

CAN-High 线和 CAN-Low 线扭绞在一起，干扰脉冲 x 总是有规律地作用在两条线上，差动信号放大器用 CAN-High 线电压（3.5 V$-x$）减去 CAN-Low 线电压（1.5 V$-x$），经过差动处理后，（3.5 V$-x$）-（1.5 V$-x$）= 2 V，差动信号就不再有干扰脉冲，如图 3-4-5 所示。

3. MOST 总线

MOST（Media Oriented Systems Transport，面向媒体的系统传输），是一种用于多媒体数据传送的典型光学数据总线系统。MOST 总线允许的传送速率可达 21.2 Mbit/s，比 CAN 总线系统的传送率（最高数据传送速率为 1 Mbit/s）高，而立体声的数字式电视信号需要约为 6 Mbit/s 的传送速率。因此，只能用 CAN 总线系统来传送控制信号。

MOST 技术采用一根塑料光纤传输所有控制和信号信息。塑料光纤具有许多优点，如质量非常轻，频率响应非常好等。一些现代轿车上有几千米长的布线，汽车传统的铜布线昂贵、复杂并且不可变。网络、汽车上所有多媒体设备用单独的塑料光纤媒介传输各种信号，降低了成本，同时扩展了功能。当越来越多复杂的多媒体系统应用于汽车上时，MOST 使设备之间的高速数据交换成为可能。MOST 技术提供了一种分配多媒体信息和控制使用这些信息的手段。塑料光纤提供了一种成本极低的信息传输介质，同时数据不受电磁干扰的影响，也能够消除传统铜线传输数据造成的电磁干扰。

光学 MOST 总线可以在相关的部件之间以数字的形式交换数据。除了使用较少导线和质量较轻之外，光波传送具有极高的数据传送速率和高级别的抗干扰性能，如图 3-4-6 所示。

项目三 电气设备的故障诊断与排除

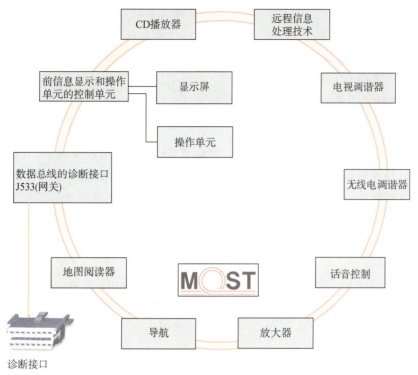

图 3-4-6　MOST 总线的环形结构

MOST 总线系统的显著特点是它的环形结构。控制单元单方向通过一根光导纤维把数据传送至环形结构中的下一个控制单元。这个过程一直持续到数据返回至原先传送它们的那个控制单元。由此，形成了一个闭合的环路。

4. 蓝牙

随着蓝牙技术的发展，短距点对点通信的蓝牙技术在汽车中寻求到了发展空间，其相对低廉的成本和简便的使用方法得到了汽车业界的认同。蓝牙无线技术是一种用于移动设备和 WAN/LAN 接入点的低成本、低功耗的短距离射频技术。蓝牙标准描述了手机、计算机和 PDA 如何方便地实现彼此之间的互联，以及与家庭和商业电话和计算机设备的互连。蓝牙特殊兴趣组的成员包括 AMIC、BMW、Daimler Chrysler、Ford、GM、Toyota 和 Volkswagen。移动电话与车内媒体之间的信息交互成为蓝牙技术进入汽车的突破点，Johnson Controls 公司的免提手机系统"Blue Connect"允许司机在双手扶住方向盘的情况下，通过支持蓝牙功能的手机保持联系。Daimler-Chrysler 推出的 Uconnect 蓝牙免提电话系统中，蓝牙成为移动电话与车内媒体之间进行信息交互的手段，驾驶员通过安装在挡风玻璃上的麦克风和车内音响系统的扬声器与他人通话，这将驾驶员的双手从操作移动电话中解脱出来，从而保证了行车安全。

（二）CAN（驱动）总线系统故障原因分析

一般说来，汽车多路信息传输系统的故障类型有三种：一是汽车电源系统引起的故障；二是汽车多路传输系统节点故障；三是汽车多路信息传输系统链路故障。

1. 汽车电源系统引起的故障

汽车多路信息传输系统的核心部分是含有通信 IC 芯片的电控模块 ECM，电控模块 ECM 的正常工作电压在 10.5～15.0 V 的范围内。如果汽车电源系统提供的工作电压低于该值，就会造成一些对工作电压要求高的电控模块 ECM 出现短暂的停滞工作，进而使整个汽车多路信息传输系统短暂无法通信。

故障排除方法：

（1）检测蓄电池电压是否正常。

（2）检测 ECM 供电的保险丝是否损坏，如有损坏，查找线路是否有短路故障后再更换保险丝；如没有损坏，检测保险丝上级供电。

（3）检测 ECM 搭铁是否正常。

2. 汽车多路信息传输系统节点故障

节点是汽车多路信息传输系统中的电控模块，因此节点故障就是电控模块 ECM 的故障，它包括软件故障和硬件故障。软件故障即传输协议或软件程序有缺陷或冲突，导致汽车多路信息传输系统通信出现混乱或无法工作。这种故障一般成批出现，且无法维修。硬件故障主要是通信芯片或集成电路故障，也将造成汽车多路信息传输系统无法正常工作。对于采用低版本信息传输协议和点到点信息传输协议的汽车多路信息传输系统，如果有节点故障，将出现整个汽车多路信息传输系统无法工作的现象。

故障排除方法：

（1）通过插拔 CAN 总线上的控制模块（节点），可以判断是由节点引起的短路还是由网络链路引起的短路。

（2）逐个断开节点，若电压恢复正常，则说明该节点有问题。若断开所有节点后电压还没有变化，则说明网络链路短路。

3. 汽车多路信息传输系统链路故障

汽车多路信息传输系统的链路（或通信线路）出现故障时，如通信线路的短路、断路以及线路物理性质引起的通信信号衰减或失真，都会引起多个电控单元无法工作或电控系统错误动作。判断是否为链路故障时，一般采用示波器或汽车专用光纤诊断仪来观察通信数据信号是否与标准通信数据信号相符。另外，系统不稳定时，使用故障检测仪可以测出关于总线的故障码。

当 CAN 总线出现故障或数据传输异常时，往往会出现多种奇怪的故障现象，如仪表板显示异常，车辆无法启动，启动后无法熄灭，车辆动力性能下降，某些电控系统功能失等。这是因为相关数据或信息是通过 CAN 总线传输的，如果传输失败，那么会产生多种连带故障，甚至造成整个网络系统瘫痪。

CAN 链路故障通常的原因有 CAN-High/CAN-Low 线相互短路、CAN-High/CAN-Low 线对电源短路、CAN-High/CAN-Low 线对地短路等。

故障排除方法：

（1）测量终端电阻。

（2）测量电压。

（3）测量 CAN 总线系统的波形。

四、CAN 网络常规检测

（一）正常网络检测

由于 CAN 网络采用多种协议，每个控制模块的端口在正常的情况下都有标准电压，因此电压测量法可用于判断线路是否有对地或电源短路、相线间短路等问题。为了确定 CAN-High 或 CAN-Low 线是否损坏或信号是否正常，可以测量其对地电压（平均电压）。测量点通常在 OBD 诊断接口处，如图 3-4-7 所示。

诊断接口的 6 号针脚连接 CAN-High 线，14 号针脚连接 CAN-Low 线。通用汽车系列车型诊断接口上连接有两组 CAN 总线，那么 CAN 总线使用 6 号和 14 号针脚，底盘总线使用 12 号和 13 号针脚。诊断接口的针脚含义见表 3-4-2。

项目三　电气设备的故障诊断与排除

图 3-4-7　正常的 CAN-High /CAN-Low 线电压

表 3-4-2　诊断接口针脚含义

针脚	功能
1	低速 GMLAN 串行数据
4	搭铁
5	搭铁
6	高速 GMLAN 串行数据（+）1 即 CAN-High（1）
12	高速 GMLAN 串行数据（+）2 即 CAN-High（2）
13	高速 GMLAN 串行数据（-）1 即 CAN-Low（1）
14	高速 GMLAN 串行数据（-）2 即 CAN-Low（2）
16	蓄电池正极电压

正常情况下，当 CAN 总线唤醒后，CAN-High 线对地电压约为 2.656 V，CAN-Low 线对地电压约为 2.319 V，而且两者相加为 4.975 V。

（二）CAN-High 与 CAN-Low 线短路

当 CAN-High 与 CAN-Low 线短路时，CAN 网络会关闭，无法再进行通信。会有相应的网络故障码。当两者相互短路之后，CAN 电压电位置于隐性电压值（约 2.5 V）。实际测量两条 CAN 导线的电压，会发现始终在 2.5 V 左右，基本不变化，如图 3-4-8 所示。

图 3-4-8　CAN-High 与 CAN-Low 线短路时电压

故障排除方法：通过插拔 CAN 总线上的控制模块（节点），可以判断是由节点引起的短路还是由导线连接引起的短路。逐个断开节点，若电压恢复正常，则说明该节点有问题。若断开所有节点后电压还没有变化，则说明线路短路。

（三）CAN-High 线对电源（正极）短路

当出现 CAN-High 线对电源（正极）短路这种故障时，根据 CAN 总线的容错特性，可能出现整个 CAN 网络无法通信的情况或产生相关故障码。

以对 12 V 电源短路为例，此时 CAN-High 线电压电位被置于 12 V，CAN-Low 线的隐性电压被置于大约 12 V。实际测量电压，若 CAN-High 线电压为 12 V，CAN-Low 线电压被置于约为 11 V，则说明出现此类故障。CAN-High、CAN-Low 线对电源短路的 CAN-High 线电压如图 3-4-9、3-4-10 所示。

图 3-4-9　CAN-High 线对电源短路的 CAN-High 线电压　　图 3-4-10　CAN-High 线对电源短路的 CAN-Low 线电压

故障原因：如果不是 CAN-High 线对外部电源短路引起的，那么这种故障就有可能是控制模块内部的 CAN 收发器损坏造成的。故障查找方法同上。

（四）CAN-High 线对地短路

当出现 CAN-High 线对地短路这种故障时，根据 CAN 总线的容错特性，可能出现整个 CAN 网络无法通信的情况或产生相关故障码。

CAN-High 线的电压位于 0 V，CAN-Low 线电压也位于 0 V，可是在 CAN-Low 线上还能够看到一小部分的电压变化。实际测量电压，若 CAN-High 和 CAN-Low 线电压均约为 0 V，且无断路问题，则说明出现此类故障。CAN-High 线对地短路的 CAN-High、CAN-Low 线电压如图 3-4-11、图 3-4-12 所示。

图 3-4-11　CAN-High 线对地短路的 CAN-High 线电压　　图 3-4-12　CAN-High 线对地短路的 CAN-Low 线电压

故障原因：如果不是 CAN-High 线对外部地线短路引起的，那么这种故障就可能是控制模块内部的

CAN 收发器损坏造成的。故障查找方法同上。

(五) CAN-Low 线对电源（正极）短路

当出现 CAN-Low 线对电源（正极）短路这种故障时，根据 CAN 总线的容错特性，可能出现整个 CAN 网络无法通信的情况或产生相关故障码。

由于 CAN-Low 线对电源短路，因此 CAN-High 线电压也被置于 12 V。实际测量 CAN 导线的电压，若 CAN-Low 和 CAN-High 线电压都约为 12 V，则说明出现此类故障。CAN-Low 线对电源短路的 CAN-Low、CAN-High 线电压如图 3-4-13、图 3-4-14 所示。

图 3-4-13 CAN-Low 线对电源短路的 CAN-Low 线电压

图 3-4-14 CAN-Low 线对电源短路的 CAN-High 线电压

故障原因：如果不是 CAN-Low 线对外部电源短路引起的，那么这种故障就有可能是控制模块内部的 CAN 收发器损坏造成的。故障查找方法同上。

(六) CAN-High 或 CAN-Low 线断路

当某个控制模块 CAN-High 线断路时，会导致该控制模块无法实现通信，但其他控制模块的通信还是有的。在其他的控制模块可能读到此故障模块的故障码。如果多个控制模块的 CAN-High 线出现断路，那么这些控制模块的通信功能都会受到影响。如果出现故障的控制模块带有终端电阻，可以用电阻测量法来判断。测量诊断接口的 CAN-High 与 CAN-Low 线之间的电阻正常为 60 Ω，若变为 120Ω，则说明有一个终端电阻断路。如果出现故障的控制模块不带终端电阻，那么需要测量该控制模块的 CAN 导线的导通性。通过替换有故障码内容涉及的控制模块，可以快速判断故障是否由该控制模块本身造成的。此外，要结合网络图来查找断点，因为在整个网络中会设置相应的总线集线器，断点部位不同，受影响的部件也不同，同时也会决定诊断仪能够进行诊断的控制模块。

实训工单　汽车 CAN 网络故障检测

1. 车辆信息

项目	信息	项目	信息
车型		发动机型号	
VIN 码		行驶里程	

汽车故障诊断技术

2. 实训准备及设备初步检查

序号	检查项目	结果确认	序号	检查项目	结果确认
1	汽车停放位置与举升机状况确认		6	发动机机油液位、冷却液检查	
2	放置车轮挡块		7	蓄电池电缆接头检测	
3	连接尾气尾排		8	仪器设备准备	
4	放置车外三件套		9	测量工具准备	
5	放置车内三件套		10	技术资料准备	

3. 故障现象确认

经确认，该车故障现象如下。

_____

4. 故障诊断流程分析

经小组讨论，故障诊断流程如下。

_____
_____
_____

5. 检测过程与分析

（1）基础检测。

序号	检测项目	结果确认	序号	检测项目	结果确认
1	蓄电池电压		4	油气管路连接	
2	仪表板故障灯		5	电气元件连接	
3	燃油量		6	故障码	

（2）进一步检测与排除。

序号	检测项目	检测工况/方法	测量参数	结果分析
1	6#/14# 电阻			
2	12#/13# 电阻			
3	4#/搭铁 电压			
4	5#/搭铁 电压			
5	6#/搭铁 电压			
6	14#/搭铁 电压			
7	12#/搭铁 电压			
8	13#/搭铁 电压			
9	16#/搭铁 电压			

（3）故障点及排除方法。

_____
_____

项目三　电气设备的故障诊断与排除

6. 设备复位

序号	检查项目	结果确认	序号	检查项目	结果确认
1	收起车轮挡块		5	仪器设备复位	
2	收起尾气尾排		6	测量工具复位	
3	收起车外三件套		7	技术资料复位	
4	收起车内三件套		8	场地清洁	

7. 评价与反馈

（1）学习小结。

序号	项目	操作内容	标准分	实际评分	备注
1	任务准备	实训准备及设备初步检查	10		
2	实施过程	故障解码仪读取故障码/数据流	30		
3	完成质量	测量数据准确、排除故障	20		
4	完成时间	90 min	10		
5	安全操作	个人防护、设备安全等	20		
6	5S工作	设备复位等	10		
		总分			

（2）成绩评定。

小组评议等级：_____　　　组长签名：_____

教师评议等级：_____　　　教师签名：_____

课 后 习 题

一、判断题

LIN 网络一般使用一根单独的铜线作为传输介质。（　　）

二、选择题

1. 与 CAN 网络相比不属于 LIN 网络的劣势的是（　　）。

A. 结构烦琐　　　B. 结构简单　　　C. 价格低廉　　　D. 传输速率低

2. 在汽车网络中，用（　　）来约定各模块的优先权。

A. 数据总线　　　B. 通信协议　　　C. 总线速度

3. 下列使用车载网络系统的优点，不正确的是（　　）。

A. 布线简化，降低成本　　　　　　　B. 电控单元间交流更加简单和快捷

C. 传感器数目增多，传输更方便　　　D. 汽车总体运行的可靠性提高

项目四　底盘的故障诊断与排除

任务一　离合器的故障诊断与排除

一、任务描述

一辆手动挡轿车，行驶里程 7 万 km。客户反映车子在急加速和上陡坡时明显感觉动力不足。如果你是维修技师，能确定此故障并将其排除吗？

为了排除该故障，应完成以下内容：
(1) 熟悉离合器的相关知识。
(2) 能在实车上对离合器进行离合器踏板自由行程调整、离合器液压系统排空气等操作。
(3) 在实车上对离合器常见故障进行诊断与排除。
(4) 完成并填写实训工单的相关项目。

二、学习目标

（一）知识目标

(1) 能描述离合器的工作原理。
(2) 能描述检测离合器踏板自由行程的方法。
(3) 能描述离合器常见故障的原因。

（二）技能目标

(1) 能进行离合器踏板自由行程调整、离合器液压系统排空气等操作。
(2) 能对离合器常见故障进行诊断与排除。

三、故障原因分析

（一）离合器的结构和工作原理

1. 离合器的结构

离合器安装在发动机与变速器之间，是汽车传动系统中直接与发动机相联结的总成部件，也是实现动力传递和切断的关键部件。离合器主要由主动部件、从动部件、压紧机构和操纵机构四部分组成。

主动部件包括飞轮、压板和离合器盖等。

从动部件包括从动盘和变速器输入轴等。

压紧机构包括压紧弹簧和支承装置等。

操纵机构包括离合器踏板、总泵、分泵和分离轴承等。

项目四　底盘的故障诊断与排除

主、从动部件和压紧机构是保证离合器处于接合状态并能传递动力的基本装置，而操纵机构主要是使离合器分离的装置。

2. 离合器的工作原理

离合器工作原理可以按照工作状态分为接合状态（踏板自由状态）、分离状态（踩下踏板）、接合状态（松开踏板）。

接合状态（踏板自由状态）：如图 4-1-1 所示，离合器处于接合状态时，压盘的压紧弹簧将压板、从动盘、飞轮互相压紧，发动机转矩经飞轮及压板以摩擦力矩的形式传递到从动盘，进而传递给变速器输入轴，再经变速器输入轴向传动系统输出。

分离状态（踩下踏板）：如图 4-1-2 所示，踩下离合器踏板时，通过操纵机构带动分离拨叉移动，推动分离轴承，使膜片弹簧内端向左移动，膜片弹簧外端绕着离合器盖上的支承装置拉动压板向右移动，解除压板对从动盘的压力，离合器的主、从动部件处于分离状态，动力传递中断。

接合状态（松开踏板）：如图 4-1-3 所示，当需要恢复动力的传递时，缓慢地抬起离合器踏板，分离轴承减小对膜片弹簧内端的压力，压板便在膜片弹簧弹力作用下逐渐压紧从动盘，并使所传递的转矩逐渐增大。当所传递的转矩小于汽车起步阻力时，汽车不动，从动盘不转动，主、从动部件的摩擦面间完全打滑；当所传递的转矩达到足以克服汽车开始起步的阻力时，从动盘开始旋转，汽车开始移动，但从动盘的转速仍低于飞轮，即摩擦面间仍存在着部分打滑的现象。随着压板压力和车速的不断增加，主、从动部件摩擦面的转速差将逐渐减小，直到转速相等，滑动摩擦现象消失，离合器完全接合。

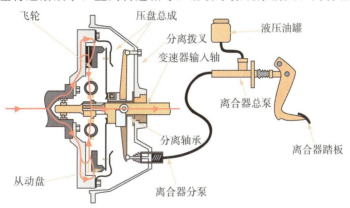

图 4-1-1　接合状态（踏板自由状态）

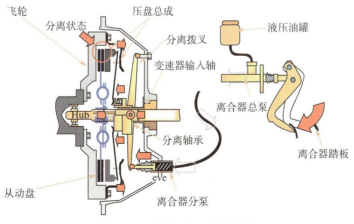

图 4-1-2　分离状态（踩下踏板）

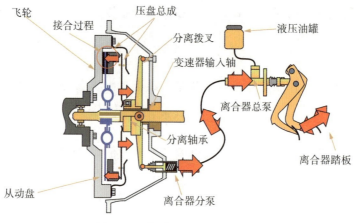

图 4-1-3　接合状态（松开踏板）

（二）离合器常见故障原因分析

由于离合器使用频次非常高，同时受力和结构也较为复杂，因此其故障原因和故障现象也较为多样。离合器常见故障有离合器打滑、离合器分离不彻底、离合器发抖和离合器异响。

1. 离合器打滑

（1）故障现象。

汽车用低挡起步时，放松离合器踏板时，不能起步或起步困难；汽车加速行驶时，车速不能随发动机转速升高而提高，行驶无力，产生焦煳味或冒烟等。

（2）故障原因。

①离合器踏板没有自由行程，使分离轴承压在分离杠杆上。

②从动盘摩擦片、压盘或飞轮工作面严重磨损。

③离合器盖与飞轮连接松动，使压紧力减弱。

④从动盘摩擦片油污、烧灼、表面硬化、铆钉外露，表面不平，摩擦力系数下降。

⑤压力弹簧疲软或折断，膜片弹簧疲劳或开裂，使压紧力下降。

⑥离合器操纵杆卡滞，分离轴承套筒与导管间存在油污、尘腻等，使分离轴承不能回位。

⑦分离杠杆弯曲变形，出现运动干涉，不能回位。

（3）故障诊断流程图。

离合器打滑故障诊断流程图如图 4-1-4 所示。

2. 离合器分离不彻底

（1）故障现象。

离合器踏板踩到底时，离合器处于半接合状态，其从动盘没有完全与主动盘分离，换挡困难；挂低速挡时，离合器踏板尚未完全放松，汽车就有起步发抖或发动机熄火的现象。

（2）故障原因。

①离合器踏板行程过小，使离合器分离不彻底。

②离合器液压管路进入空气。

③主缸或分离缸漏油、变形和发卡。

④从动盘翘曲、铆钉松脱，摩擦衬片松动。

⑤压盘受热变形翘曲。

项目四　底盘的故障诊断与排除

⑥摩擦片弹簧弹力减弱或分离指端磨损过度。
⑦摩擦片弹簧分离指端不平齐。
⑧离合器操纵机构中拉索端头紧固螺栓松动或紧固螺栓失效。
⑨离合器操纵机构拉索发卡，离合器踏板踩不到底。
⑩其他相关的原因。

（3）故障诊断流程图。

离合器分离不彻底故障诊断流程图如图 4-1-5 所示。

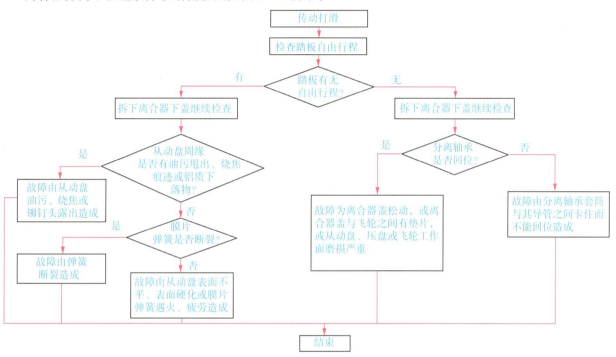

图 4-1-4　离合器打滑故障诊断流程图

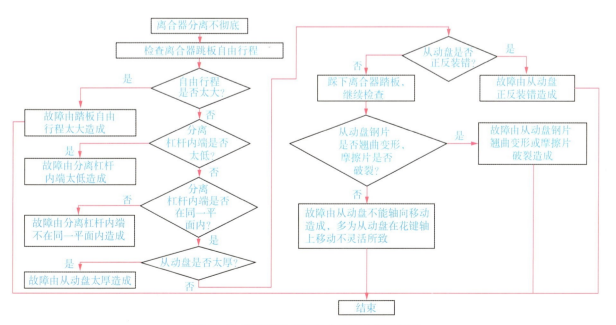

图 4-1-5　离合器分离不彻底故障诊断流程图

汽车故障诊断技术

3. 离合器发抖

（1）故障现象。

主要表现为不能平顺起步，伴有冲撞，严重时车身明显抖动。

（2）故障原因。

①操纵机构卡滞。

②摩擦片翘曲。

③压盘变形。

④离合器盖松动。

⑤飞轮端面圆跳动超标。

⑥膜片弹簧本身弹力不均、断裂或膜片弹簧不在同一平面内等。

（3）故障诊断流程图。

离合器发抖故障诊断流程图如图 4-1-6 所示。

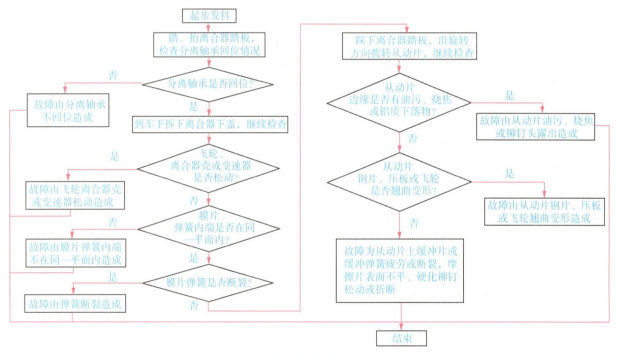

图 4-1-6　离合器发抖故障诊断流程图

4. 离合器异响

（1）故障现象。

主要表现为离合器接合、部分分离、完全分离时，离合器发出不正常响声。

（2）故障原因。

①踏板自由行程调整过小。

②踏板回位弹簧过软、脱落或折断。

③分离轴承缺油或损坏。

④分离轴承与膜片弹簧的间隙过小。

⑤分离轴承回位弹簧折断。

⑥膜片弹簧断裂。

项目四 底盘的故障诊断与排除

⑦摩擦片铆钉外露。

⑧从动盘减振器弹簧折断等。

(3) 故障诊断流程图。

离合器异响故障诊断流程图如图 4-1-7 所示。

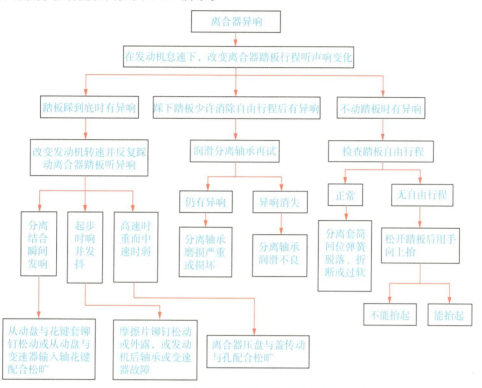

图 4-1-7 离合器异响故障诊断流程图

四、典型故障

以离合器打滑故障为例,对故障现象进行分析、检测,最后进行诊断与排除。

一辆手动挡轿车,行驶里程 7 万 km。客户反映车子在急加速和上陡坡时明显感觉动力不足。经维修技师验证故障车故障现象,发现在汽车起步时,即使完全松开离合器踏板,汽车仍有起步困难的问题,在行车过程中,汽车车速明显上升滞后,尤其是在客户反映的急加速和上陡坡时明显感觉动力不足,这说明该车确实存在离合器打滑故障。

结合前文所述离合器打滑故障原因分析,维修技师制订了维修计划。按照先外后内,先简单后复杂的故障诊断思路,首先检查离合器制动踏板,看有无异物导致离合器踏板发卡或不能踩到底,未发现异常;同时测量离合器踏板高度,发现离合器踏板高度 145 mm,符合要求的 143.6~153.6 mm。然后依次检查离合器液压管路有无裂纹和漏油,离合器主缸和分离缸有无漏油、变形、发卡现象,均未发现异常。最后对离合器总成进行拆检,发现压盘平面有磨损现象(图 4-1-8),对其进行平面度测量后发现,平面度误差为 0.34 mm,已超过使用极限,需进行更换。

经过上述故障诊断后,确定故障原因应该是:压盘平面磨损过度,导致离合器摩擦片与飞轮之间贴合不够紧密,故而发动机动力无法稳定从离合器

图 4-1-8 压盘平面磨损

汽车故障诊断技术

传递到变速器，引起离合器打滑的故障出现。

维修方案：离合器压盘必须更换，同时鉴于离合器摩擦片和离合器分离轴承也有一定磨损，虽未到达磨损极限，但考虑到后期再更换时人工成本过高，建议此时与离合器压盘一起更换。经客户同意后更换离合器三件套，装车后离合器打滑故障消失。

通过对离合器进行拆装、测量、维修，养成认真、细致、协作的工匠精神。理解故障车为什么最好一起更换离合器三件套。思考怎样减少客户的维修成本，减少不必要的损耗，从而树立成本意识。

五、零部件检修

（一）飞轮检修

飞轮常见的损伤有齿圈磨损，轮齿断裂，飞轮工作面出现磨损、沟槽、翘曲和裂纹等。飞轮工作面可通过百分表检查平面跳动量（图4-1-9）。

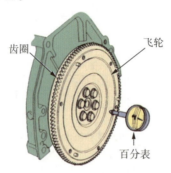

图 4-1-9　飞轮工作面的平面跳动量检测

（二）压盘检修

离合器压盘常见的损伤有压盘平面磨损、压盘平面烧蚀、膜片弹簧断裂（图4-1-10）等。检查方法主要有压盘平面度检查和压紧弹簧检查。

图 4-1-10　离合器压盘常见的损伤

项目四　底盘的故障诊断与排除

压盘检测包括压盘平面度测量、膜片弹簧高度测量、膜片弹簧磨损深度测量（图 4-1-11）。

压盘平面度测量：将钢直尺放在压盘工作表面上，使用塞尺检查钢直尺与压盘工作面之间的间隙，当平面度误差不大于 0.2 mm 时，可通过砂纸或油石修磨；若平面度误差大于 0.2 mm，应予以更换。

压盘膜片弹簧检测：将压盘工作面向上平放，使用游标卡尺检查膜片弹簧到压盘工作面的距离，各个膜片弹簧高度差不得大于 0.5 mm，膜片弹簧与分离轴承接触处磨损深度应不大于 0.5 mm，否则应更换压盘总成。

压盘平面度测量　　　　　膜片弹簧高度测量　　　　　膜片弹簧磨损深度测量

图 4-1-11　压盘检测

（三）从动盘检修

从动盘是离合器的主要零件，离合器传递动力就是靠从动盘摩擦片和主动部分的摩擦作用来实现的。因此，摩擦片常见损伤有沾有油污、磨损、破裂、烧蚀；从动盘常见损伤有花键孔磨损，减振片破裂，从动片破裂、翘曲等（图 4-1-12）。从动盘的检查内容主要有目视外观检查、从动盘花键毂间隙检查、铆钉头深度检测、从动盘厚度检测等（图 4-1-13）。

1. 目视外观检查

摩擦片的磨损状况通常用目视法检查，若摩擦片有轻微烧蚀、硬化，可用锉刀或粗砂纸磨光后使用；若摩擦片有轻微油污，可用清洁剂清洁，表面的轻微烧焦可用砂纸打磨；若摩擦片磨损超过使用限度、有裂纹与脱落、烧焦面积大而深或有严重油污时，则需要换用新的从动盘。目测从动盘表面是否有油污，若有应使用清洗剂清洗，并保证压盘与从动盘表面的干燥。

2. 从动盘花键毂间隙检查

使从动盘在变速器花键轴上轴向移动，若能移动自如且不松动，则为正常，否则应修整从动盘毂花键齿或更换从动盘总成。

3. 铆钉头深度检测

用游标卡尺检测摩擦片的磨损程度。摩擦片工作面与铆钉头深度为 0.50 mm，磨损极限为 0.30 mm，超过极限应更换，若摩擦片磨损过薄或破裂，应予更换。

4. 从动盘厚度检测

使用游标卡尺测量从动盘厚度，标准厚度为 5~8 mm，过厚应该检查从动片是否变形或翘曲，过厚或过薄都应该更换从动盘。

图 4-1-12 摩擦片及从动盘常见损伤

图 4-1-13 从动盘检测

(四) 分离轴承检修

分离轴承检修主要检查分离轴承转动的灵活性,用手将轴承压紧轴承内套转动,按图 4-1-14 中箭头所示进行操作。若有阻滞,则为轴承座或滚子磨损,应予更换;若转动灵活,但稍有沙沙的响声,则为缺油,应予更换。

图 4-1-14 分离轴承检修

项目四　底盘的故障诊断与排除

六、专项技能

（一）离合器踏板自由行程调整

离合器踏板高度：在自由状态下，地板到离合器踏板上表面的距离。

离合器踏板自由行程（图4-1-15）：用手轻按踏板，当感受到阻力增大的时候，地板到离合器踏板上表面的距离。

离合器踏板工作行程：踩下离合器踏板，经过了踏板自由行程后，便进入了踏板的工作行程。即从离合器摩擦片开始打滑起踏板移动到离合器完全分离的过程。

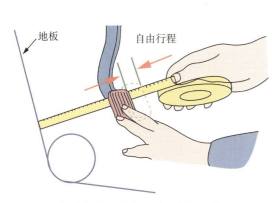

图4-1-15　离合器踏板自由行程

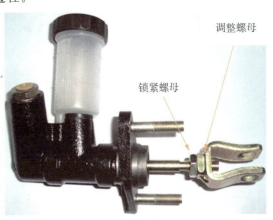

图4-1-16　液压式离合器的自由行程调整

液压式离合器的自由行程调整（图4-1-16）一般是调整总泵与推杆长度。当自由行程过小时，应将调整螺母向内旋，缩短推杆的有效长度；当自由行程过大时，应将调整螺母向外旋，增加推杆的有效长度，然后紧固锁紧螺母。

（二）离合器液压系统排空气

图4-1-17为离合器液压系统排空气。

首先将离合器总泵储液罐中的油液添加至规定高度，松开放气阀，排放直到流出的离合器液中不再含有气泡，拧紧放气阀，再加油液至规定高度。

然后需要两人配合工作，其中一个人慢慢地踩离合器踏板数次，感到有阻力时踏住踏板不动，另一个人拧松放气阀直至油液开始流出，然后再拧紧放气阀。连续操作几次，直到流出的油液中不见气泡。

空气排除干净之后，需要再次检查及调整踏板自由行程和储液罐中的油液高度。最后进行路试，应做到接合平稳，分离彻底，无打滑（抖动、异响），操纵机构灵敏可靠，踏板自由行程符合原厂规定。

图4-1-17　离合器液压系统排空气

七、本章小结

（1）离合器安装在发动机与变速器之间，是汽车传动系统中直接与发动机相联结的总成部件，也是实现动力传递和切断的关键部件。

汽车故障诊断技术

（2）离合器主要由主动部件、从动部件、压紧机构和操纵机构四部分组成。

（3）离合器工作原理可以按照工作状态分：接合状态（踏板自由状态）、分离状态（踩下踏板）、接合状态（松开踏板）。

（4）离合器常见故障有离合器打滑、离合器分离不彻底、离合器发抖和离合器异响。

（5）离合器常见故障的原因和诊断流程。

（6）离合器零部件的常见故障及检修。

（7）离合器踏板自由行程调整、离合器液压系统排空气的操作步骤。

实训工单　离合器打滑故障诊断

1. 车辆信息

项目	信息	项目	信息
车型		发动机型号	
VIN 码		行驶里程	

2. 实训准备及设备初步检查

序号	检查项目	结果确认	序号	检查项目	结果确认
1	汽车停放位置与举升机状况确认		6	发动机机油液位、冷却液检查	
2	放置车轮挡块		7	蓄电池电缆接头检测	
3	连接尾气尾排		8	仪器设备准备	
4	放置车外三件套		9	测量工具准备	
5	放置车内三件套		10	技术资料准备	

3. 故障现象确认

经确认，该车故障现象如下。

_____

4. 故障诊断流程分析

经小组讨论，故障诊断流程如下。

_____

_____

5. 检测过程与分析

（1）基础检测。

序号	检测项目	结果确认	序号	检测项目	结果确认
1	蓄电池电压		4	油气管路连接	
2	仪表板故障灯		5	电气元件连接	
3	燃油量		6	故障码	

项目四　底盘的故障诊断与排除

(2) 进一步检测与排除。

序号	检测项目	标准	测量参数	结果分析
1	离合器踏板自由行程检查			
2	离合器压盘的外观检查			
3	检查离合器压盘平面度			
4	检测膜片弹簧高度测量			
5	检测膜片弹簧磨损深度测量			
6	从动盘的外观检查			
7	摩擦片磨损检查			
8	花键齿检查			
9	分离轴承的检查			

(3) 故障点及排除方法。

_____
_____
_____

6. 设备复位

序号	检查项目	结果确认	序号	检查项目	结果确认
1	收起车轮挡块		5	仪器设备复位	
2	收起尾气尾排		6	测量工具复位	
3	收起车外三件套		7	技术资料复位	
4	收起车内三件套		8	场地清洁	

7. 评价与反馈

(1) 学习小结。

序号	项目	操作内容	标准分	实际评分	备注
1	任务准备	实训准备及设备初步检查	10		
2	实施过程	故障解码仪读取故障码/数据流	30		
3	完成质量	测量数据准确、排除故障	20		
4	完成时间	90 min	10		
5	安全操作	个人防护、设备安全等	20		
6	5S 工作	设备复位等	10		
		总分			

(2) 成绩评定。

小组评议等级：_____　　　组长签名：_____

教师评议等级：_____　　　教师签名：_____

课 后 习 题

一、判断题

1. 离合器液压系统进入空气一般会导致离合器分离不彻底。（　　）
2. 离合器膜片弹簧过度磨损一般会导致离合器打滑。（　　）
3. 离合器液压管路漏油一般会导致离合器分离不彻底。（　　）
4. 离合器从动盘铆钉外漏一般会导致离合器打滑。（　　）
5. 离合器盖松动一般会导致离合器分离打滑。（　　）
6. 离合器液压油排气时放气阀要一直打开直到空气排尽。（　　）
7. 离合器异响不会对行车安全造成不利影响。（　　）
8. 离合器压盘变形可能会引起离合器发抖。（　　）

二、简答题

1. 离合器打滑有哪些原因？

2. 离合器分离不彻底有哪些原因？

任务二　变速器的故障诊断与排除

一、任务描述

一辆轿车，在 D 位行驶时，当车速达到 20 km/h 以上时，有踩空油门的感觉，此时发动机转速迅速上升，而车速下降。如果你是维修技师，能确定此故障并将其排除吗？

为了排除该故障，应完成以下内容：

（1）熟悉自动变速器的结构以及工作原理。

（2）在实车上对自动变速器进行静态测试和线路测试。

（3）拆装并检修自动变速器的零件。

（4）完成并填写实训工单的相关项目。

二、学习目标

（一）知识目标

（1）能描述自动变速器的结构。
（2）能描述自动变速器的工作原理。
（3）能描述诊断并排除自动变速器换挡打滑故障的思路及方法。

（二）技能目标

（1）能检测和更换齿轮油。
（2）能检测自动变速器故障。
（3）能根据工作原理对自动变速器换挡打滑故障进行排除。

三、故障原因分析

（一）自动变速器工作原理

目前，主流车辆上基本都采用了电子控制的自动变速器。自动变速器能够根据发动机负荷和车速等情况自动变换传动比，使汽车获得良好的动力性和燃料经济性，并减少发动机排放污染。自动变速器操纵容易，在车辆拥挤时，可大大提高车辆行驶的安全性及可靠性。电子控制自动变速器通常由液力变矩器、行星齿轮变速系统、换挡执行器、液压操纵系统、电子控制系统五部分组成。

液力变矩器一般是由泵轮、定叶轮、涡轮以及锁止离合器等组成的，如图4-2-1所示。锁止离合器的作用是当车速超过一定速度时，将发动机与变速机构直接连接，这样可以减少燃油消耗。液力变矩器的作用是将发动机的动力输出传递到变速机构。它里面充满了传动油，当与动力输入轴相连接的泵轮转动时，它会通过传动油带动与输出轴相连的涡轮一起转动，从而将发动机动力传递出去。其原理就像一把插电的风扇能够带动一把不插电的风扇的叶片转动一样。

动力传递路径：壳体→泵轮→涡轮→变速箱

图 4-2-1　液力变矩器结构

自动变速器每个挡位都由一组离合片控制，从而实现变速功能。现在的自动变速器采用电磁阀对离合片进行控制，使得系统更简单，可靠性更好。自动变速器的传动齿轮和手动变速器的传动齿轮并不相同。自动变速器采用行星齿轮组实现扭矩的转换。行星齿轮机构由内齿圈、行星齿轮、太阳轮组成。在行星齿系中，如果齿圈固定和以太阳轮为主动件，则可以形成减速挡。

汽车故障诊断技术

图 4-2-2 为自动变速器内部结构。
图 4-2-3 为自动变速器换挡过程。

图 4-2-2　自动变速器内部结构

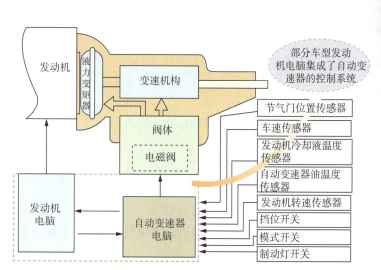

图 4-2-3　自动变速器换挡过程

自动变速器控制电脑通过电信号控制电磁阀的动作，从而改变变速器油在阀体油道中的走向。当作用在多片式离合片上的油压达到制动压力时，多片式离合片接合从而促使相应的行星齿轮组输出动力。

（二）自动变速器打滑故障的诊断及故障原因分析

故障车自动变速器打滑，维修技师对故障车进行验车后，结合故障现象进行了故障原因分析，并绘制了故障诊断流程图。

1. 故障现象

（1）起步时踩下油门踏板，发动机转速快速升高但车速升高缓慢。
（2）行驶中踩下油门踏板加速时，发动机转速升高但车速没有提高。
（3）平路行驶差不多正常，但上坡无力，且发动机转速很高。

2. 故障原因

导致自动变速器换挡打滑的故障原因比较多，具体有：
（1）液压油油面太低。
（2）液压油油面太高，运转中被行星排剧烈搅动后产生大量气泡。
（3）离合器或制动器摩擦片、制动带磨损过甚或烧焦。
（4）油泵磨损过甚或主油路泄漏，造成油路油压过低。
（5）单向超越离合器打滑。
（6）离合器或制动器活塞密封圈损坏，导致漏油。
（7）减振器活塞密封圈损坏，导致漏油。

3. 故障诊断

打滑是自动变速器中最常见的故障之一。变速器打滑一般是由换挡执行元件的摩擦片与钢片之间出现打滑所致。引起打滑的原因有滤清器堵塞、液压过低、密封件泄漏、冲击负荷过大等，有时还伴随着自动变速器油颜色变深或发黑的现象。

尽管自动变速器打滑往往都伴有离合器或制动器摩擦片严重磨损甚至烧焦等现象，但假如只是简单地更换磨损的摩擦片而没有找出打滑的真正缘故，会使修后的自动变速器使用一段时间后又出现打滑现象。因此，对于出现打滑现象的自动变速器，不要急于拆卸分解，应先做各种检查测试，以找出打滑的真正缘故。

（1）对于出现打滑现象的自动变速器，应先检查其液压油的油面高度和品质。若油面过低或过高，应先将其调整至正常后再做检查。若油面调整正常后自动变速器不再打滑，可不必拆修自动变速器。

（2）检查液压油的品质。若液压油呈棕黑色或有烧焦味，说明离合器或制动器的摩擦片或制动带有烧焦，应拆修自动变速器。

（3）做路试以确定自动变速器是否打滑，并检查出现打滑的挡位和打滑的程度。将操纵手柄拨入不同的位置，让汽车行驶。若自动变速器升至某一挡位时发动机转速突然升高，但车速没有相应提高，即说明该挡位有打滑。打滑时发动机的转速愈容易升高，说明打滑愈严重。

依照显现打滑的规律，还能够判定导致打滑的是哪一个换挡执行元件：

① 若自动变速器在所有前进挡都有打滑现象，则为前进离合器打滑。

② 若自动变速器在操纵手柄位于 D 位时的 1 挡有打滑，而在操纵手柄位于 L 位或 1 位时的 1 挡不打滑，则为前进单向超越离合器打滑。若不论操纵手柄位于 D 位还是 L 位或 1 位时 1 挡都有打滑现象，则为低挡及倒挡制动器打滑。

③ 若自动变速器只在操纵手柄位于 D 位时的 2 挡有打滑，而在操纵手柄位于 S 位或 2 位时的 2 挡不打滑，则为 2 挡单向超越离合器打滑。若不论操纵手柄位于 D 位还是 S 位或 2 位时，2 挡都有打滑现象，则为 2 挡制动器打滑。

④ 若自动变速器只在 3 挡有打滑现象，则为倒挡及高挡离合器打滑。

⑤ 若自动变速器只在超速挡时有打滑现象，则为超速制动器打滑。

⑥ 若自动变速器在倒挡和高挡时都有打滑现象，则为倒挡及高挡离合器打滑。

⑦ 若自动变速器在倒挡和 1 挡时都有打滑现象，则为低挡及倒挡制动器打滑。

（4）有打滑故障的自动变速器，在拆卸分解之前，应先检查自动变速器的主油路油压，以找出自动变速器打滑的缘故。自动变速器不论前进挡还是倒挡均打滑，其缘故往往是主油路油压过低。若主油路油压正常，则只更换磨损或烧焦的摩擦元件即可。若主油路油压不正常，则在拆修自动变速器的过程中，应依照主油路油压，相应地对油泵或阀进行检修，并更换自动变速器的所有密封圈和密封环。

自动变速器打滑故障诊断流程图如图 4-2-4 所示。

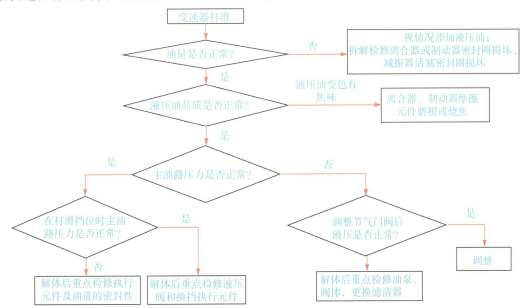

图 4-2-4　自动变速器打滑故障诊断流程图

四、典型故障

一辆轿车，变速器型号为 A341E，在 D 位行驶时，当车速达到 20 km/h 以上时，有踩空油门的感觉，此时发动机转速迅速上升，而车速下降。

出现变速器打滑，多数情况将会使换挡执行元件的摩擦片高温烧毁或局部烧焦，钢片高温发蓝或变形，自动变速器油高温变质或发黑（图 4-2-5），有时高温还造成齿轮系统发蓝和液压阀总成变形，所以修理时一般按大修处理，更换换挡执行元件的摩擦片与钢片，更换密封件，清洗阀体和油道，更换滤清器等。

诊断：检查自动变速器油时发现颜色较深，但油面高度正常。

在 2 位试车，变速器能以 1 挡起步，加速后能正常升入 2 挡，当车速达到 45 km/h 时，再将换挡手柄移入 D 位，车辆无打滑现象，且变速器能正常进入 3 挡，一直可以进到 O/D 挡。

进行液压试验，在 D 位时，1 挡的主油路液压正常，打滑时液压很低，3 挡和 O/D 挡的液压也正常。再检查电子控制系统，ECU 通往换挡电磁阀的控制信号变化正常，说明电子控制系统一切正常，当发出 2 挡控制信号时变速器开始打滑，且主油路液压很低。

图 4-2-5 制动器摩擦片变黑

以上内容可以说明，变速器故障发生在 2 挡的油道、执行元件或液压装置。将变速器解体后发现，2 挡滑行制动器的活塞密封圈损坏，造成 D 位 2 挡液压泄漏，使制动器打滑，摩擦片也已经开始发黑。而在 2 位 2 挡时，由于 2 挡强制制动器参与工作，取代了 2 挡滑行制动器的功能，所以不会打滑。

排除：更换 2 挡滑行制动器摩擦片、活塞的密封圈和其他执行元件、油道的密封圈，添加新的自动变速器油，试验后一切正常，故障排除。

课程思政引入 ▶▶▶

掌握自动变速器基本概念及其控制的原理，为我国科学技术现代化贡献智慧和力量。对自动变速器进行拆装、测量和维修，培养认真、细致、协作的工匠精神。

五、零部件检修

（一）自动变速器液位的检查

将汽车停放在平坦的地方，启动发动机，使油温上升至 70～80 ℃。在发动机怠速状况下，将操纵手柄从 P 位至 L 位逐挡稍微停留一下，再返回 P 位，然后拔出油尺查看液位是否在规定的范围内（本田车规定发动机熄火时检查）。

液位面过高：液位面过高可能使油从加油管或通风管喷出，严重时使机罩内起火；控制阀体上的排油孔被阻塞，排油不畅，影响离合器、制动器平顺分离，换挡不稳。从加油管吸出或从油底螺塞处放出多余部分的油，故障即可排除。

液位面过低：自动变速器油过少会使离合器和制动器打滑，加速性能变坏，行星齿轮系统润滑不良。

必要时要加油,但首先需检查自动变速器油的质量,如果油有焦味或发黑,应予更换。

(二)发动机怠速检查

本检查用于检查变速杆处于 N 或 P 位时,发动机转速是否在规定值范围内。变速杆位于 N 位时,发动机应在怠速工况下工作,空调未打开时,怠速转速应为 600~800 r/min。

若怠速过低,挡位转换时,由于动力不足,轻则引起车身振动,重则发动机熄火。

若怠速过高,变速杆位于 D 位或 R 位,不踩油门即"爬行",换挡时发动机出现冲击和振动。若车速过高,可能是怠速失调或空调系统未关。对功率大的发动机或空车来说,有点轻微的"爬行"是正常的。

(三)液力变矩器检查

(1)检查液力变矩器外部有无损坏和裂纹、轴套外径有无磨损、驱动油泵的轴套缺口有无损伤。如有异常,应更换液力变矩器。

(2)将液力变矩器安装在发动机飞轮上,用千分表检查液力变矩器轴套的偏摆量(图 4-2-6)。如果在飞轮旋转一周的过程中,径向摆动量大于 0.03 mm,应转换一个角度重新安装予以校正,并在校正后的位置上作一记号,以保证安装正确。若无法校正,需更换液力变矩器。

(3)首先将单向超越离合器内座圈驱动杆(专用工具)插入变矩器中(图 4-2-7(a)),再将单向超越离合器外座圈固定器(专用工具)插入变矩器中,并卡在轴套上的油泵驱动缺口内(图 4-2-7(b))。转动驱动杆,检查单向超越离合器工作是否正常。在逆时针方向上单向超越离合器应锁止,顺时针方向上其应能自由转动。如有异常,说明单向超越离合器损坏,应更换液力变矩器。

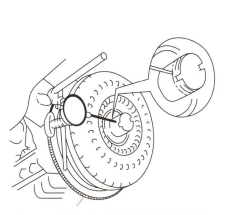

图 4-2-6 液力变矩器轴套偏摆量的检查

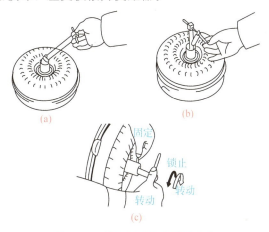

图 4-2-7 单向超越离合器的检查

(四)离合器的检修

摩擦片和离合器活塞的检修方式是目测。

1. 摩擦片损坏形式及原因

摩擦片损坏如图 4-2-8 所示。

(1)摩擦片烧焦,颜色发黑。原因是自动变速器油温过高或离合器打滑。引起单组离合器摩擦片烧焦的原因是活塞密封圈损坏或离合器自由间隙过小,离合器毂或离合器活塞液压缸壁上的单向阀损坏。

(2)摩擦片上的铜基粉末冶金层或合成纤维层不均匀脱落。原因是摩擦片没有经过自动变速器油浸泡即装配使用或摩擦片质量问题。

（3）摩擦片弯曲变形。原因是离合器摩擦片工作时局部温度过高或机械问题。

（4）摩擦片和钢片烧结在一起。原因是温度过高或摩擦片过度磨损。

图 4-2-8　摩擦片损坏

2. 离合器活塞损坏形式及原因

离合器活塞损坏如图 4-2-9 所示。

（1）活塞密封圈破损。原因是油温过高使橡胶密封圈硬化或密封圈更换时受损，使用时间过长使橡胶老化。

（2）活塞变形，密封不严。原因是温度过高或装配不当。

（3）活塞回位弹簧弹性不良。原因是弹簧数目少或弹簧弹性不足，弹簧折断。

（4）活塞上的单向阀卡滞或密封不良。原因是油中有杂质或阀球磨损。

（五）制动鼓的检修

制动鼓的检修如图 4-2-10 所示。

和制动带配合工作的制动鼓的摩擦表面也需要检查。铸铁制动鼓的摩擦表面上如有刻痕，可用 180 号石英砂纸沿旋转方向打磨。钢板冲压的制动鼓，检查时把钢板尺立在鼓的摩擦表面上，检查鼓表面的垂直度。鼓的摩擦表面磨成盘形状，会使制动带的制动效能严重减弱。因此，磨损变形的鼓必须更换。

图 4-2-9　离合器活塞损坏

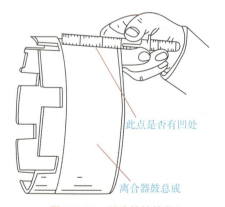

图 4-2-10　制动鼓的检修

六、本章小结

(1) 自动变速器的组成和工作原理。

(2) 自动变速器打滑的故障原因：液压油油量不正常、摩擦片损坏、各种密封圈损坏、油泵损坏以及单向超越离合器打滑等。

(3) 自动变速器打滑故障的诊断步骤。

实训工单　自动变速器打滑故障诊断

1. 车辆信息

项目	信息	项目	信息
车型		发动机型号	
VIN 码		行驶里程	

2. 实训准备及设备初步检查

序号	检查项目	结果确认
1	汽车停放位置与举升机状况确认	
2	放置车外三件套	
3	放置车内三件套	
4	仪器设备准备	
5	测量工具准备	
6	技术资料准备	

3. 故障现象确认

经确认，该车故障现象如下。

4. 故障诊断流程分析

经小组讨论，故障诊断流程如下。

5. 检测过程与分析

(1) 基础检测。

序号	检查项目	结果确认	序号	检查项目	结果确认
1	原地换挡		3	观察油品质是否变色	
2	油量是否正常		4	电气元件连接	

汽车故障诊断技术

（2）进一步检测与排除。

序号	检测项目	检测工况/方法	测量参数	结果分析
1	检测离合器、制动器密封			
2	检测减振器活塞密封			
3	检测离合器摩擦元件			
4	检测油路压力			
5	检测油泵和阀体			
6	检测油道的密封			
7	检测换挡执行元件是否损坏			

（3）故障点及排除方法。

_____

_____

_____

6. 设备复位

序号	检查项目	结果确认
1	收起车外三件套	
2	收起车内三件套	
3	仪器设备复位	
4	测量工具复位	
5	技术资料复位	
6	场地清洁	

7. 评价与反馈

（1）学习小结。

序号	项目	操作内容	标准分	实际评分	备注
1	任务准备	实训准备及设备初步检查	10		
2	实施过程	自动变速器打滑诊断	30		
3	完成质量	测量数据准确、排除故障	20		
4	完成时间	90 min	10		
5	安全操作	个人防护、设备安全等	20		
6	5S 工作	设备复位等	10		
		总分			

（2）成绩评定。

小组评议等级：_____ 组长签名：_____

教师评议等级：_____ 教师签名：_____

课后习题

一、填空题

1. 液力变矩器由_____、_____、_____和_____等组成。
2. 行星齿轮机构由_____、_____、_____组成。
3. 在行星齿系中,如果_____固定和以_____齿轮为主动件,则可以形成减速挡。

二、判断题

1. 自动变速器的油泵由泵轮驱动。（　　）
2. 在液力变矩器中,由于导轮的作用,泵轮的转矩增大。（　　）
3. 根据换挡工况的需要,自动变速器中的单向离合器由液压系统控制其自由或锁止。（　　）
4. 油泵在工作时产生泄漏与输出油压有关。（　　）
5. 讨论检查自动变速器的情况时,技师甲说如果自动变速器呈深褐色并有烧焦的味道,那么自动变速器已经过热了。（　　）

三、选择题

1. 液压传动是以（　　）为介质传动的。
   A. 液体　　　　　　B. 电磁力　　　　　　C. 空气
2. 液力变矩器是利用液体在循环流动过程中液流的（　　）的变化来传递动力的。
   A. 压力　　　　　　B. 机械能　　　　　　C. 动能
3. 单向离合器安装时（　　）。
   A. 不必注意方向　　　　　　　　　　B. 一定要注意方向
   C. 无所谓　　　　　　　　　　　　　D. 只能顺转不能反转
4. 在行星齿系机构中,只有当（　　）时,才能获得倒挡。
   A. 行星架制动,齿圈主动
   B. 行星架主动,太阳轮制动
   C. 齿圈制动,太阳轮主动
   D. 太阳轮主动,行星架制动

任务三　制动系统的故障诊断与排除

一、任务描述

一辆轿车,在正常行驶的过程中,踩制动踏板减速,驾驶员感觉制动减速度小;驾驶员紧急制动时,感觉制动距离变长。如果你是维修技师,能确定此故障并将其排除吗？

为了排除该故障,应完成以下内容：

（1）熟悉制动系统的结构以及工作原理。
（2）在实车上对制动系统进行测试。
（3）拆装并检修制动系统的零件。
（4）完成并填写实训工单的相关项目。

汽车故障诊断技术

二、学习目标

（一）知识目标

（1）能描述制动系统的结构。
（2）能描述盘式自动系统的工作原理。
（3）能描述诊断并排除盘式制动系统液压制动不良故障的思路及方法。

（二）技能目标

（1）能调整踏板自由行程。
（2）能检测制动系统故障。
（3）能根据工作原理对盘式制动系统液压制动不良故障进行排除。

三、故障原因分析

（一）制动系统结构以及工作原理

汽车的制动系统对行车安全非常重要，行车中如果出现制动失灵等故障，后果都将不堪设想。制动系统的作用就是让行驶中的汽车按驾驶人意愿进行减速甚至停车。制动系统通常由制动器和制动驱动机构组成。制动驱动机构通常由制动踏板、制动总泵、真空助力泵、液压油路、金属软管等零部件组成。常见的制动器主要有鼓式制动器和盘式制动器。目前别克的轿车上基本都采用了盘式制动器，如威朗、君越等轿车。盘式制动器又称碟式制动器。盘式制动器（图 4-3-1）可用于前轮或后轮，主要由制动钳、制动片、制动盘和防溅板组成。

图 4-3-2 为制动系统工作原理，图 4-3-3 为摩擦片磨损。

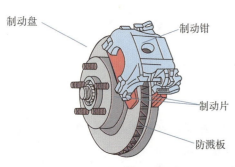

图 4-3-1 盘式制动器结构

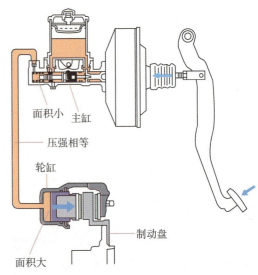

图 4-3-2 制动系统工作原理

别克车辆的制动钳一般为浮钳盘式制动器。浮钳盘式制动器的特点是制动钳通过导向销与车桥相连，可以相对于制动盘轴向移动。制动钳只在制动盘的内侧设置油缸，外侧的制动块则附装在制动钳上。防溅板的作用是保护制动盘的内侧不受水和其他污染物的影响，而制动盘的外侧则由车轮保护。

项目四 底盘的故障诊断与排除

制动片与旋转的制动盘接触产生摩擦，将动能转化为热能，从而使车辆减速。每个制动钳均有两块制动片，分别置于制动盘两边。制动片由摩擦材料和钢制底板制成。制动盘为制动衬块提供了与其摩擦的表面。制动盘通常采用具有优良的摩擦和磨损特性的铸铁制作。制动盘通常有实心式和通风式两种形式。实心式制动盘是一个实心圆盘。通风式制动盘则由内带辐射式散热片的中空金属盘组成。防溅板由螺栓固定在前轴或转向节上，在后轮盘式制动器上则被固定在车桥凸缘或悬挂安装板上。防溅板的作用是保护制动盘的内侧不受水和其他污染物的影响，制动盘的外侧则由车轮保护。

图 4-3-3　摩擦片磨损

制动主缸利用液体不可压缩的原理，将驾驶员的踏板运动传送到车轮制动器。当施加制动时，制动踏板作用力经真空助力器助力放大后传递到制动主缸。制动主缸产生高压液压力，并通过制动管和软管传递给盘式制动器中的液压活塞。在液压力的作用下，液压活塞推动制动片压紧在制动盘上。制动片与制动盘之间的摩擦阻力迫使制动盘的转速下降，从而降低车速。当解除制动时，液压力下降，活塞回位，制动片与制动盘分离。

这种制动器散热快，质量轻，构造简单，调整方便，特别是高负载时耐高温性能好，制动效果稳定，而且不怕泥水侵袭。有些盘式制动器的制动盘上还开了许多小孔，加速通风散热，提高制动效率。当然，盘式制动器也有缺陷，例如对制动器和制动管路的制造要求较高，摩擦片的耗损量较大，成本贵，而且由于摩擦片的面积小，相对摩擦的工作面也较小，需要的制动液压高，有助力装置的车辆才能使用。

（二）制动系统液压制动不良的诊断故障原因分析

故障车制动过程中减速度变小，维修技师对故障车进行路试后，结合故障现象进行了故障原因分析，并绘制了故障诊断流程图。

1. 故障现象

（1）制动时不能迅速减速或停车。

（2）第一次踏下制动板时制动不良，连续踩踏制动板，踏板逐渐升高，但脚踏触感减弱，且制动效果不佳。

（3）汽车行驶中制动时，驾驶员感到减速度小。

（4）汽车紧急制动时，制动距离长。

2. 故障原因

导致制动系统液压制动不良的原因比较多，具体缘故有：

（1）油路故障。

①油液不足。

②油液变质。

③管路漏油。

（2）制动主缸、分缸故障。

①液压制动总泵和液压制动分泵的橡胶圈老化、发胀、磨损变形，活塞与缸壁磨损过大。

②出油阀、回油阀密封不严，贮液室内制动液不足。

（3）制动踏板自由行程故障。

① 制动踏板自由行程过大。
② 制动主缸和工作缸推杆调整不当或松动。
③ 踏板传动机构松旷。
（4）真空增压装置故障。
① 真空管漏气。
② 控制阀阀门密封不严，气室膜片破损，控制阀活塞和橡胶圈磨损。
③ 增压缸活塞磨损过多，回位弹簧过软。
（5）制动器故障。
① 制动摩擦片磨损严重，摩擦片与制动盘之间间隙过大。
② 摩擦片与制动盘之工作表面有油污。
③ 摩擦片与制动盘接触状态不佳，调整不良。

3. 故障诊断

制动系统液压制动不良故障排除步骤如下。

（1）检查储油罐中制动液是否充足，并及时进行补充。
（2）踩动制动踏板，检查踏板自由行程，过大时应予调整。
（3）踩下制动踏板时有弹性感，说明制动系统中混有空气，应进行放气。
（4）踩下制动踏板时，感觉较硬，制动仍然无力，可检查放气螺钉出油情况。若出油无力，表明制动管路有堵塞现象或主缸活塞有卡滞现象；出油急促有力，表明轮缸活塞卡滞、制动蹄与制动鼓或制动盘贴合不良或其表面沾有油污、磨损严重等。
（5）连续踩动几次制动踏板，使踏板角度升高后，用力将其踩住。制动踏板若有缓慢或迅速下降现象，说明制动管路有渗漏部位或轮缸密封圈损坏。

制动系统液压制动不良故障诊断流程如图 4-3-4 所示。

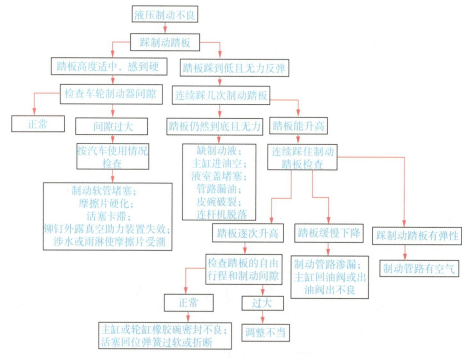

图 4-3-4　制动系统制动不良故障诊断流程图

四、典型故障

故障现象：一辆轿车，行驶里程 5.6 万 km，客户反映车辆制动距离过长。

故障诊断：维修人员试车后发现制动距离明显过长，制动时感觉制动力不足。进行制动系统放气，故障依旧。观察此车的制动盘，已经进行过改装，制动盘换成了带有通风孔的大尺寸制动盘。换回原车配置的制动盘进行路试，制动性能没有明显改善。拆下制动摩擦片，发现摩擦片上的接触痕迹只有几个点。

故障排除：拆下制动摩擦片，用细砂纸仔细打磨凸出点，以使制动摩擦片进行快速磨合。车辆使用一段时间后，制动性能明显改善，故障最终排除。

制动摩擦片和制动盘是产生制动力的直接部件，它们出现的常见故障包括：制动盘翘曲导致制动时车身抖动，制动摩擦片异响，制动摩擦片与制动盘接触不良导致制动力下降等。在实际检修工作中，应该重点检查摩擦片和制动盘是否经过改装以及配件是否合格。

制动安全很重要，在检测与维修过程中出错会导致财产损失甚至是严重的交通事故，应养成认真细致对待工作的习惯，培养责任感和使命感。在生活中，冲动和冒失时也需要及时踩"刹车"。

五、零部件检修

（一）制动液高度的检查

要想检查制动液是否泄漏，使发动机怠速运行，将变速杆挂在空挡，然后用恒定的脚力踩住踏板。如果在恒定脚力作用下踏板逐渐下降，表明液压系统可能泄漏。通过肉眼检查，确认可疑的泄漏部位。

检查总泵液面。虽然衬片正常磨损也会导致储液罐液面轻微下降，但如果液面过低，表明系统泄漏。按程序检查总泵。此外，系统轻微泄漏也能通过这项测试。如果液面正常，检查真空助力器推杆长度。如果发现推杆长度不正确，则调整更换推杆。

按如下程序检查总泵。

（1）检查总泵铸造壳体是否开裂或总泵周围是否泄漏制动液。只要有一点制动液就表明泄漏，潮湿属于正常。

（2）检查踏板连杆是否卡滞，推杆长度是否不正常。如果这两个零件正常，则拆卸总泵并检查主油缸或活塞密封是否延长或膨胀。如果密封膨胀，则怀疑制动液不合格或污染。若发现制动液污染，必须拆卸所有零件并清洗，更换所有橡胶件。所有管件也必须清洗。

图 4-3-5 检查制动液

图 4-3-5 为检查制动液。

（二）踏板自由行程的调整

自由行程是发动机熄火后，反复踩制动踏板数次，直至真空助力器内的真空度耗尽，用手轻推踏板，直至感到有阻力为止，此位置高度与踏板自由高度之差即为踏板自由行程。

汽车故障诊断技术

调整过程为：拧松推杆的锁紧螺母，转动推杆调整至符合规定，拧紧锁紧螺母，复查自由行程、自由高度是否正确，制动灯是否正常工作。

（三）液压系统排气

如果液压系统中混有空气，制动系统就不能正常工作，典型的症状就是感觉制动踏板很软、制动力距离变长。

人工法：不需要使用专用工具，但需要两位维修技师共同操作。操作时，一位维修技师踩压制动踏板若干次，然后踩住不放，另一位维修技师拧开排气螺栓，让系统中混有的空气排出。然后再拧紧排气螺栓，不断重复这个操作，直到排气口中不再有气泡冒出。

（四）真空助力器检修

1. 真空助力器渗漏的检查

真空助力器渗漏，将影响或失去其助力作用。通过专用工具三通管接头将专用真空表连接在真空助力器与真空单向阀之间。启动发动机，并将发动机维持在某一转速下运转，使得真空表指示的真空值在厂家要求（或经验值）的范围内。停熄发动机，观察真空表真空读数的下降情况。要求在 30 s 内其真空读数下降值不得超过规定值（或经验值），否则应检查下列零部件是否存在渗漏现象：真空单向阀、真空软管、真空助力器本身（橡胶反作用盘、膜片、真空助力器壳体等）和制动主缸。

2. 真空助力器工作性能检查

在发动机停熄状态下，连踏几下制动踏板以消除真空助力器中的真空度。踏下制动踏板并保持不动，然后启动发动机，若此时制动踏板下降少许，说明真空助力器工作正常，否则应检查制动主缸、真空单向阀等处是否有渗漏现象。

（五）制动盘的检修

浮动卡钳盘式制动器的制动钳通过支架上装有带衬套筒的螺钉销与车桥固定连接，其内外侧凸缘分别支承于螺钉销尾部和套筒上，因此，制动钳可沿螺钉销轴向浮动。只有制动钳的内侧装有制动分泵，而外侧只装有制动块。制动时活塞推动内制动块压靠在制动盘上，同时，制动钳整体沿螺钉销向内侧移动，从而使外制动块也靠在制动盘上。

1. 厚度检查

在进行厚度检查时，要将车辆升起并卸下车轮。测量距制动盘外缘 10 mm，相隔约 45°的 8 个测量点的厚度，如图 4-3-6 所示。如果制动盘的厚度小于最大修理极限值，则应更换制动盘。如果只是制动盘厚度差不符合要求，可使用车床进行修整。

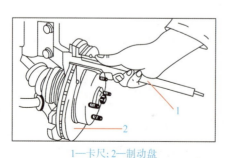

1—卡尺；2—制动盘

图 4-3-6　制动盘厚度检查

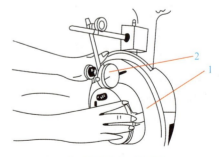

1—制动盘；2—百分表

图 4-3-7　制动盘端面跳动检查

2. 端面跳动检查

检查端面跳动可以用专门的仪器,在实际制动的情况下,仪器检测能提供非常准确的读数。也可用千分表检查端面跳动,但需要举升车辆,卸下车轮,并将制动盘重新固定在轮毂上,同时拆下制动钳并挂好。

先检查制动盘表面是否有裂纹和较深的划痕,然后彻底清洗制动盘,除掉锈迹或污物。将千分表固定到制动钳上,并使千分表测量头接触到距离制动盘外缘 10 mm 左右,如图 4-3-7 所示。将千分表调到零位,转动轮毂一圈,细心观察千分表读数,跳动量不得超过维修要求中所规定的极限值。

六、本章小结

(1) 制动系统的组成和工作原理。

(2) 制动系统制动不良故障原因:油路故障、制动主缸以及分缸故障、制动踏板自由行程故障、真空增压装置故障、制动器故障等。

(3) 制动系统制动不良故障的诊断步骤。

实训工单　制动系统制动不良故障诊断

1. 车辆信息

项目	信息	项目	信息
车型		发动机型号	
VIN 码		行驶里程	

2. 实训准备及设备初步检查

序号	检查项目	结果确认
1	汽车停放位置与举升机状况确认	
2	放置车外三件套	
3	放置车内三件套	
4	仪器设备准备	
5	测量工具准备	
6	技术资料准备	

3. 故障现象确认

经确认,该车故障现象如下。

4. 故障诊断流程分析

经小组讨论,故障诊断流程如下。

5. 检测过程与分析

（1）基础检测。

序号	检测项目	结果确认	序号	检测项目	结果确认
1	踩踏板，感受踏板的高度、是否能回弹等		4	摩擦片受潮	
2	制动液油量检查		5	踏板自由行程检查	
3	制动管路是否渗油				

（2）进一步检测与排除。

序号	检测项目	检测工况/方法	测量参数	结果分析
1	检测油质是否正常			
2	检测真空助力装置			
3	检测制动器主缸			
4	检测制动器轮缸			
5	检测制动盘制动间隙			
6	检测制动系统压力			
7	检测制动软管堵塞			

（3）故障点及排除方法。

_____
_____
_____

6. 设备复位

序号	检查项目	结果确认
1	收起车外三件套	
2	收起车内三件套	
3	仪器设备复位	
4	测量工具复位	
5	技术资料复位	
6	场地清洁	

7. 评价与反馈

（1）学习小结。

序号	项目	操作内容	标准分	实际评分	备注
1	任务准备	实训准备及设备初步检查	10		
2	实施过程	制动系统制动不良诊断	30		
3	完成质量	测量数据准确、排除故障	20		

项目四 底盘的故障诊断与排除

(续表)

序号	项目	操作内容	标准分	实际评分	备注
4	完成时间	90 min	10		
5	安全操作	个人防护、设备安全等	20		
6	5S工作	设备复位等	10		
		总分			

（2）成绩评定。

小组评议等级：_____　　　组长签名：_____

教师评议等级：_____　　　教师签名：_____

课后习题

一、填空题

1. 盘式制动主要由_____、_____、_____和_____组成。

2. 制动主缸利用_____，将驾驶员的踏板运动传送到车轮制动器。

二、判断题

1. 制动释放后，油管后会保持一定压力，可防止空气侵入液压系统。（　　）

2. 连续踏下踏板，踏板位置能升高，但继续往下踏有下沉感觉，说明系统中有空气。（　　）

三、选择题

1. 甲说，制动踏板的行程过大可能是由制动液液面过低造成的；乙说，制动踏板的行程过大可能是由液压系统内混入空气造成的。谁正确？（　　）

　　A. 只有甲正确　　　　B. 只有乙正确　　　　C. 两人均正确　　　　D. 两人均不正确

2. 制动液压系统进行必需的修理后，以下哪种情况不要求对制动液压系统进行冲洗？（　　）

　　A. 制动液含有水分　　　　　　　　　　B. 系统内渗有空气

　　C. 制动液内有细小脏微粒　　　　　　　D. 制动液用错型号

3. 甲说，不合适的制动软管可能引起泄漏；乙说，有缺陷的制动软管可能会造成液压回路节流。谁正确？（　　）

　　A. 只有甲正确　　　　　　　　　　　　B. 只有乙正确

　　C. 两人均正确　　　　　　　　　　　　D. 两人均不正确

4. 客户抱怨说，用平稳的力踩制动踏板时，制动踏板只是缓慢地移向地板，没有制动液泄漏的迹象。下列四项中哪项最有可能是该故障的原因？（　　）

　　A. 溢流阀工作不正常　　　　　　　　　B. 主皮碗过量磨损

　　C. 副皮碗过量磨损　　　　　　　　　　D. 活塞弹簧变软

5. 一辆汽车产生了制动踏板海绵感，下列哪项可能是问题的原因？（　　）

　　A. 空气进入制动系统　　　　　　　　　B. 制动主缸内部泄漏

　　C. 制动蹄片磨损过量　　　　　　　　　D. 制动盘扭曲

6. 一辆装有真空助力制动器的汽车，进行制动时踏板力量不正常。下列哪项可能是故障原因？（　　）

　　A. 制动主缸内泄漏　　　　　　　　　　B. 助力器内的真空度过大

　　C. 助力器真空管路堵塞　　　　　　　　D. 制动液液面太低

任务四　转向系统的故障诊断与排除

一、任务描述

一辆轿车，在正常行驶的过程中，驾驶员向左、右转动方向盘时，感到沉重费力，无回正感。如果你是维修技师，能确定此故障将其并排除吗？

为了排除该故障，维修技师应完成以下内容：
(1) 熟悉汽车转向系统的结构以及工作原理。
(2) 在实车上对转向系统进行的测试。
(3) 拆装并检修转向系统的零件。
(4) 完成并填写实训工单的相关项目。

二、学习目标

（一）知识目标

(1) 能描述转向系统的结构。
(2) 能描述转向系统工作原理。
(3) 能描述诊断并排除转向系统转向沉重故障的思路及方法。

（二）技能目标

(1) 能熟练拆卸汽车转向系统的相关零部件。
(2) 能根据工作原理对转向系统转向沉重故障进行排除。

三、故障原因分析

（一）转向系统结构以及工作原理

在汽车行驶中，转向运动是最基本的运动。驾驶员需要根据道路状况频繁地改变其行驶方向，因此对于轮式汽车来讲，转向系统能够使与转向桥相连的车轮相对于汽车的纵轴线偏转一定角度，从而实现转向。

转向系统按照动力的来源分为机械转向系统和动力转向系统。机械转向系统通常由转向操纵机构、转向器和转向传动机构组成。转向操纵机构主要包括转向盘和转向柱。转向器是转向系统的减速传动装置，目前汽车上广泛使用的转向器有齿轮齿条式转向器和循环球式转向器。转向传动机构将转向器输出的力矩传递给转向桥两侧的转向节，使两侧转向轮偏转。同时，它使两侧转向轮偏转角度按一定关系变化，以保证汽车转向时车轮与地面相对滑动尽可能小。转向传动机构包括转向摇臂、转向节臂、转向梯形臂和转向横拉杆等。

1. 齿轮齿条式转向器

大部分前轮驱动的轿车中，齿轮齿条式转向器已成为标准配置。齿轮齿条式转向器与麦弗逊滑柱配合使用，可为发动机横置提供更大的空间。

项目四　底盘的故障诊断与排除

齿轮齿条式转向器由齿条及与之相配合的齿轮（叫作小齿轮）组成。当转动转向盘和转向轴时，由于小齿轮与齿条上的齿啮合，齿条在壳体内左右移动，同时使得转向传动机构中的其他杆件运动，并带动前轮偏转。这个系统对于转向轻便性要求高的小轿车来说非常实用。它是一个直接的转向机构，相较于基本转向传动机构具有更高的传动效率。图 4-4-1 所示为一个带有壳体和横拉杆的完整的齿轮齿条式转向器。

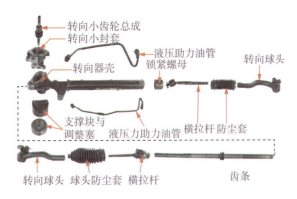

图 4-4-1　齿轮齿条式转向器

当齿轮齿条机构出现卡滞、松旷及转动困难时，需要检查小齿轮间隙。当调整螺塞向转向器壳体旋入时，啮合间隙减小；当调整螺塞向转向器壳体旋出时，啮合间隙增大。齿轮齿条啮合间隙的调整可参照以下步骤进行：

（1）松开调整螺塞锁紧螺母。
（2）顺时针旋转调整螺塞至极限位置。
（3）逆时针将调整螺塞回旋 50°～70°。
（4）按照规定力矩紧固锁紧螺母。

图 4-4-2 所示为齿轮齿条间隙调整。

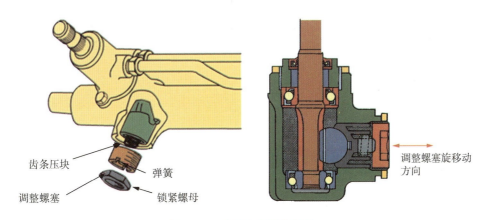

图 4-4-2　齿轮齿条间隙调整

2. 循环球式转向器

最常见的机械转向器是转向摇臂式转向器。许多制造商也称它为螺杆螺母循环球式转向器，如图 4-4-3 所示。它工作时，随着转向轴转动，螺杆转动。螺杆的外表面开有螺旋形槽。螺母安装在螺杆上，螺母的内表面开有与螺杆相对应的螺旋形槽。小钢球在螺杆螺母形成的螺旋形孔道和钢球导管内循环。钢球

— 151 —

在孔道中滚动,从孔道的一端出来,经钢球导管再进入孔道的另一端。这套装置保证了螺杆和螺母之间的摩擦阻力很小。

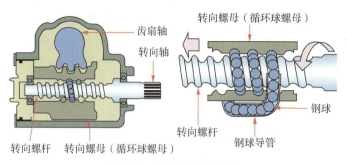

图 4-4-3　循环球式转向器

螺母外表面的一侧带有齿,它与齿扇轴上的齿相啮合。齿扇轴也叫转向摇臂轴。螺杆左右转动,螺母跟着前后移动。螺母前后移动带动齿扇轴摆动。齿扇轴直接与转向摇臂连接,后者控制着转向传动机构的运动。

循环球式转向器的齿扇齿条啮合间隙通过调整螺钉调整,如图 4-4-4 所示。调整螺钉与齿扇轴配合,安装在转向器侧盖上,该调整螺钉顺时针旋入,齿扇齿条啮合间隙减小;反之,齿扇齿条啮合间隙增大。

下面介绍动力转向系统,该系统主要是借助外力,这个外力主要是借助发动的动力,可以使驾驶者的用力更少,起初这种动力力转向系统主要应用于大型车上,可以让驾驶员轻松地完成转向程序,目前,该转向系统已广泛应用于各种车上,使转向变得更加轻松、快捷,同时还提高了行车的安全性。该转向系统又可分为电动助力和液压助力两种类型。

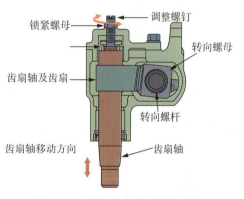

图 4-4-4　齿扇齿条啮合间隙调整

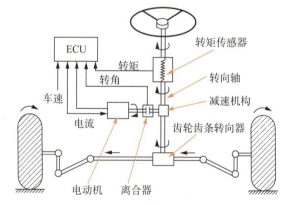

图 4-4-5　电动助力转向系统结构

(1) 电动助力转向系统。

电动助力转向系统(图 4-4-5)是一种直接依靠电机提供辅助扭矩的动力转向系统,与传统的液压助力转向系统(HPS)相比,EPS 具有很多优点。EPS 主要由扭矩传感器、车速传感器、电动机、减速机构和电子控制单元等组成。

其工作原理是当方向盘转动时,扭矩传感器会将转动信号传到控制器,之后经过控制器的运算,就会提供给汽车足够的电流驱动电机转动。电动机输出扭矩,减速机构将其放大。目前,该转向系统已经广泛应用于乘用车上。

电动助力转向系统可以通过改变助力的大小,减小汽车低速行驶时的转向操纵力,这样在不同的路况和速度下,汽车的转向稳定性可以得到很大的提高,从而提高汽车的主动安全性。该转向系统减少了燃料的消耗,只在转向时提供助力,不含液压管路、液压泵以及转向柱阀体等装置,结构简单,自动化程度高，便于调整和检测，有利于降低噪声，而且没有渗油现象，对环境的污染小。

（2）液压助力转向系统。

该转向系统主要包括液压系统和齿轮齿条转向结构两部分，动力转向器及管路组成如图 4-4-6 所示，在动力转向系统中，液压泵产生液体压力，从而导致液体流动，通过压力软管，流到转向器阀总成，转向器阀总成将进入的液体调节到左、右工作室，以辅助左、右转向。

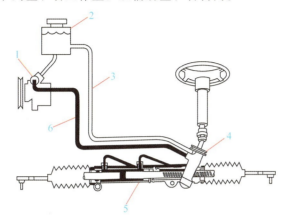

1—液压泵；2—储油罐；3—回油管；4—阀总成；5—转向器总成；6—压力软管

图 4-4-6　动力转向器及管路组成

转动方向盘将启动阀总成，阀总成将使压力大的液体流向转向器活塞的一侧，使压力小的液体流到转向器活塞的另一侧。这种压力辅助了转向器活塞的移动．转向横拉杆将这个作用力传递到前轮，使车辆向右或向左转向。

（二）转向系统转向沉重故障原因分析

维修技师对故障车进行路试后，结合故障现象进行了故障原因分析，并绘制了故障诊断流程图。

1. 故障现象

（1）行驶过程中，驾驶向左或向右转动方向盘时，感到沉重费力，无回正感。

（2）汽车在低速转弯行驶和掉头时，转动方向盘感到非常沉重，甚至打不动。

2. 故障原因

导致转向系统转向沉重的原因比较多，具体缘故如下。

（1）汽车前桥故障。

①轮胎的气压过低。轮胎的气压过低降低了轮胎的弹性，进而引起稳定力矩的增加。转向时必须克服稳定力矩才能顺利转向，若稳定力矩过大，则驾驶员要在方向盘上加较大的力才能够顺利转向。

②主销后倾角过大。主销后倾角过大使稳定力矩的力臂 L 变大，进而使稳定力矩增大。为了顺利转向，驾驶员必须在方向盘加较大的力。

③主销内倾角不当。主销内倾角过大则使主销轴线与地面的交点到轮胎中心平面与地面的交线的距离 C 过小。C 过小，使轮胎与路面的滑动摩擦增加即轮胎与路面的摩擦阻力增加。

（2）机械部分故障。

①各连接配合过紧。各连接配合过紧如横拉杆球头锈蚀、缺油使配合间隙过紧，使加在方向盘上克服转向节转动的阻力增加，也就使转向不轻便。

②车架变形、横拉杆弯曲。车架变形、横拉杆弯曲使前轮定位参数不准。如车架变形使主销内倾角、主销后倾角改变，使方向沉重；横拉杆弯曲使前轮前束、前轮外倾角变大或变小，加大了轮胎与地面的

汽车故障诊断技术

摩擦阻力使方向沉重。

③转向轴弯曲、管柱凹曲。转向轴弯曲、管柱凹曲使转向力臂变小，加在方向盘的转向力的力矩减小，使转向沉重。

④转向器缺油、发卡。转向器缺油、发卡使其内部的摩擦增加，使克服转向器的阻力增加，使方向沉重。

⑤转向器的主、从动部分啮合间隙过小。

⑥转向器主动部分轴承调整过紧或从动部分与衬套配合太紧，应予调整。

（3）液压助力系统故障。

①转向液压泵三角皮带打滑或过松。

②液压助力系统中有空气或者管路连接处漏油。

③液压油滤清器和管路堵塞，导致液压泵压力或者流量不够。

转向系统转向沉重故障诊断流程图如图 4-4-7 所示。

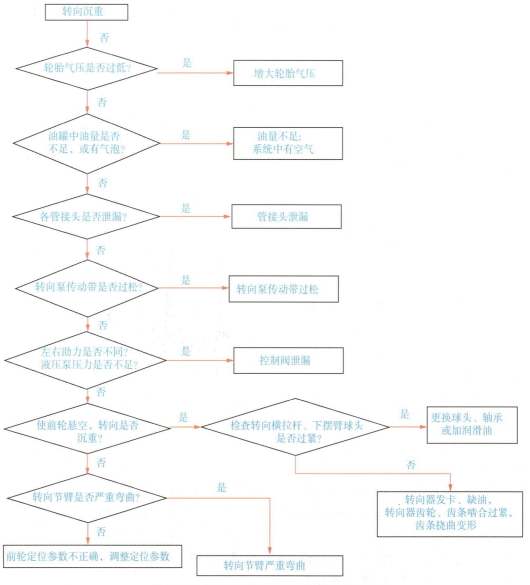

图 4-4-7 转向系统转向沉重故障排除流程图

项目四　底盘的故障诊断与排除

四、典型故障

故障现象：一辆轿车，行驶里程 13 580 km，在打方向盘时转向左重右轻、方向偏右。

故障分析：维修人员试车后明显感觉转向沉重，并且方向偏右。初步判断是转向系统故障。造成汽车液压动力转向系统左右转向轻重不同的原因，主要有：转向机部件故障；转向阀油路出现堵塞或泄漏；液压控制阀装配不当；动力缸活塞一侧有空气；液压限压阀内有一侧漏油或过早卸荷；前轮胎气压不一致；前轮轮毂轴承一边紧一边松；转向柱万向节滚针磨损卡滞。

故障排除：

（1）进行路试和活塞缸排气，并没有发现液压助力系统存在漏油和堵塞的情况。

（2）通过测量两前轮的气压，发现两轮的气压基本一致。

（3）进行四轮定位，发现四轮定位的参数上没有问题。

（4）将目光转到转向传动部件上面，经过不断转动方向盘，感觉问题应该出现在传动部分的万向节上面。

经过拆解万向节，发现转向机前的万向节上的滚针轴承长时间与脚垫部位摩擦，滚针轴承磨损严重，造成向左转向卡滞，才会出现在打方向盘时转向左重右轻、方向偏右，做四轮定位没有效果的情况出现，更换新的轴承，故障消除。

转向系统环环相扣，层层传递，最终实现汽车转向。同学们也应该一步一个脚印，脚踏实地，锤炼技能，持之以恒。作为学生，要把好人生方向盘，明确目标，脚踏实地，为祖国未来的繁荣发展添砖加瓦。

五、零部件检修

（一）轮胎胎压的检查

检查轮胎气压（胎压）是否充足，若充气不足，应进行充气。若充气后故障消失，则表明故障由转向轮轮胎气压不足所致。检测轮胎气压如图 4-4-8 所示。

图 4-4-8　检测轮胎气压

— 155 —

（二）液压油油液的检查

检查转向储液罐的油液液面是否处于 Max 线与 Min 线之间，如图 4-4-9 所示。若是则属于正常油位，如不是则应增加液压油。

图 4-4-9　液压油油液检测

（三）转向助力泵油压的检测方法

将量程为 15 MPa 的压力表和节流阀串接到转向油泵和转向阀之间的管路中，如图 4-4-10 所示。启动发动机，如有需要，向储液罐内补充助力油。使发动机怠速运转，转动方向盘数次。快速关闭节流阀（不超过 5~10 s），读出压力值，应在规定范围内。若压力正常，说明转向泵正常；若压力不足，应检查压力和流量限制阀是否正常，如不正常，则更换溢流阀、安全阀或转向油泵。

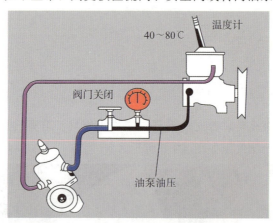

图 4-4-10　转向助力泵油压的检测方法

（四）转向传动机构的检修

转向传动机构的检修内容包括部件间隙的检查及润滑。检查间隙（图 4-4-11）时，朝各个方向上反复推拉转向传动机构中各杆件（如横拉杆），检查球节或铰链是否存在间隙，若存在间隙，则更换相应部件。定期给球节、铰链加注（或涂抹）润滑脂；定期给悬架控制臂上的转向限位装置涂抹润滑脂。

项目四　底盘的故障诊断与排除

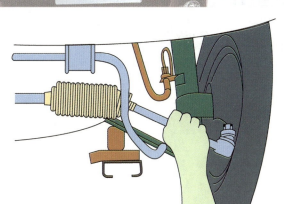
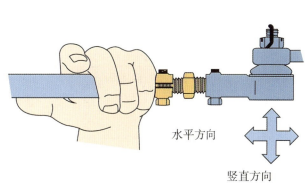

图 4-4-11　转向传动机构间隙的检测

（五）齿轮齿条转向器的检修

（1）分解清洗后，检查转向齿轮与齿条有无磨损与损坏，转向器壳体上是否有裂纹。注意：转向器上的零件不允许焊接或矫正，只能更换。

（2）检查转向齿条是否挠曲，齿面是否磨损或损坏，齿条背面是否磨损或损坏。齿条的挠曲可按图 4-4-12 所示进行检查，齿条挠度极限值为 0.15 mm。如挠度超过规定值，则应更换齿条。要注意清洁齿条时不可使用钢丝刷。

（3）检查转向齿条衬套是否磨损或损坏。如有不良情形，则应更换转向器壳体。

（4）检查转向齿条导向座或压缩衬套是否磨损或损坏，检查齿条导向座弹簧是否弹性减弱。如有不良情形，则予以更换。

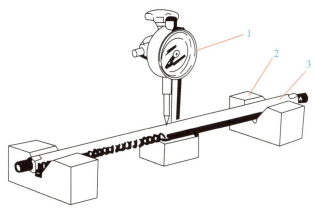

1—百分表；2—V 型架；3—转向齿条
图 4-4-12　齿条的挠曲检查

六、本章小结

（1）汽车转向系统的组成和工作原理。

（2）汽车转向沉重的故障原因：汽车前桥故障、机械部分故障、液压助力系统故障等。

（3）汽车转向沉重故障的诊断步骤。

实训工单　转向系统转向沉重故障诊断

1. 车辆信息

项目	信息	项目	信息
车型		发动机型号	
VIN 码		行驶里程	

2. 实训准备及设备初步检查

序号	检查项目	结果确认	序号	检查项目	结果确认
1	汽车停放位置与举升机状况确认		5	仪器设备准备	
2	举升车辆		6	测量工具准备	
3	放置车外三件套		7	技术资料准备	
4	放置车内三件套		8	转动方向盘，判断是否沉重	

3. 故障现象确认

经确认，该车故障现象如下。
_____

4. 故障诊断流程分析

经小组讨论，故障诊断流程如下。
_____
_____
_____

5. 检测过程与分析

（1）基础检测。

序号	检测项目	结果确认	序号	检测项目	结果确认
1	胎压的检测		4	液压管路结构连接泄漏	
2	液压油油量是否不足		5	转向泵传动带过松	
3	液压油油罐是否有气泡		6	左右助力是否相同	

（2）进一步检测与排除。

序号	检测项目	检测工况/方法	测量参数	结果分析
1	检查液压泵压力			
2	检查转向横拉杆球头连接是否过紧			
3	检查转向下摆臂球头连接是否过紧			
4	检查转向机齿轮、齿条啮合间隙			
5	检查转向节臂是否弯曲			

项目四　底盘的故障诊断与排除

（续表）

序号	检测项目	检测工况/方法	测量参数	结果分析
6	检测四轮定位参数			

（3）故障点及排除方法。

_____

_____

_____

6. 设备复位

序号	检查项目	结果确认	序号	检查项目	结果确认
1	收起车外三件套		4	测量工具复位	
2	收起车内三件套		5	技术资料复位	
3	仪器设备复位		6	场地清洁	

7. 评价与反馈

（1）学习小结。

序号	项目	操作内容	标准分	实际评分	备注
1	任务准备	实训准备及设备初步检查	10		
2	实施过程	转向沉重诊断	30		
3	完成质量	测量数据准确、排除故障	20		
4	完成时间	90 min	10		
5	安全操作	个人防护、设备安全等	20		
6	5S工作	设备复位等	10		
		总分			

（2）成绩评定。

小组评议等级：_____　　　组长签名：_____

教师评议等级：_____　　　教师签名：_____

课后习题

一、填空题

1. 转向传动机构包括_____、_____、_____和_____等。
2. 齿轮齿条式动力转向器中转向齿条由_____驱动。
3. 与液压助力转向系统相比，电子控制齿轮齿条式转向器用电子控制单元和齿条同轴的_____代替了油泵、油管和液流。
4. 液压助力转向油管的基本功用是将_____从油泵传递给转向器，并将_____最终回传给油罐。

二、判断题

1. 转向器的角传动比愈大，就愈容易实现迅速转向，即灵敏性较高。（　　）
2. 转向传动机构的功用是将转向器输出的力和运动传到转向桥两边的转向节，使两侧转向轮偏转。（　　）
3. 油泵驱动皮带打滑会造成动力转向快速转向时沉重。（　　）
4. 对转向器做调整或维修之前，先仔细检查前轮定位、减振器、轮胎气压等转向系统可能出问题的部位。（　　）
5. 动力转向油极易燃烧，所以要经常检查和维护，防止液油落在排气管上。（　　）
6. 动力转向系统实际上是依靠发动机输出的动力来帮助转向的。（　　）

三、选择题

1. 以下部件不属于转向传动机构的是（　　）。
   A. 转向摇臂　　　　　　　　　　　　B. 转向节臂
   C. 转向轮　　　　　　　　　　　　　D. 转向横拉杆

2. 导致转向沉重的主要原因是（　　）。
   A. 前束太大　　　　　　　　　　　　B. 外倾角太大
   C. 主销后倾角太大　　　　　　　　　D. 转向半径不正确

3. 甲说检查动力转向系统油液时若发现油中有泡沫，可能是油路中有空气。乙说转动方向盘到尽头时油路中压力最大。则（　　）。
   A. 甲正确　　　　　　　　　　　　　B. 乙正确
   C. 两人均正确　　　　　　　　　　　D. 两人均不正确

4. 甲说常规动力转向系统采用发动机驱动的油泵作为动力，乙说电力/电子齿轮齿条机构可以在发动机熄火后还能提供转向动力，则（　　）。
   A. 甲正确　　　　　　　　　　　　　B. 乙正确
   C. 两人均正确　　　　　　　　　　　D. 两人均不正确

5. 汽车转向沉重可能是由（　　）造成的。
   A. 前束调整不当　　　　　　　　　　B. 横、直拉杆球头销接头缺油
   C. 转向柱卡滞　　　　　　　　　　　D. 前桥弯曲

四、简答题

某单位同时购入两辆轿车，该车采用液压助力齿轮齿条转向系统，一辆转向很轻，但另一辆转向偏重。于是到维修中心检查四轮定位，没有发现有异常。请你分析转向重的那辆车故障发生的原因。

项目四　底盘的故障诊断与排除

任务五　行驶系统的故障诊断与排除

一、任务描述

一辆轿车，不能保持直线行驶状态，运动轨迹发生偏离。必须按照一定方向控制方向盘，才能保持直线行驶状态。如果你是维修技师，能确定此故障并将其排除吗？

为了排除该故障，应完成以下内容：
（1）熟悉行驶系统的结构以及工作原理。
（2）在实车上对行驶系统进行测试。
（3）拆装并检修行驶系统的零件。
（4）完成并填写实训工单的相关项目。

二、学习目标

（一）知识目标

（1）能描述行驶系统的结构。
（2）能描述行驶系统工作原理。
（3）能描述诊断并排除行驶系统行驶跑偏故障的思路及方法。

（二）技能目标

（1）能熟练拆卸汽车行驶系的相关零部件。
（2）能根据工作原理分析对行驶系统行驶跑偏故障进行排除。

三、故障原因分析

（一）行驶系统结构以及工作原理

汽车的行驶系统主要由车架、车桥、车轮与悬架构成。

车架分为边梁式车架、脊骨式车架以及综合式车架。目前轿车的车架广泛用承载式车身（图4-5-1）结构。承载式车身是以车身兼代车架，所有的总成和零部件都安装在车身上，作用于车身的各种力和力矩均由车身承受。承载式车身由于无车架，可以减轻整车质量，可利用空间大，可以使地板高度降低。

车桥按结构分为整体式车桥与断开式车桥，分别对应非独立悬架与独立式悬架，按功能分为转向桥、转向驱动桥、驱动桥和支持桥。悬架分为非独立悬架与独立式悬架。轿车比较常用的独立式悬架是麦弗逊悬架，整体式悬架一般用于货车。麦弗逊悬架的结构如图4-5-2所示，主要由麦弗逊滑柱、下控制臂及横向稳定杆等组成，麦弗逊滑柱包括螺旋弹簧、减振器、滑柱支座、隔振垫、防尘罩等部件。麦弗逊悬架用下控制臂克服了滑动立柱的受力状况。侧向力大部分由下控制臂承受，属于无实体主销结构。悬架滑柱上支

图4-5-1　承载式车身

汽车故障诊断技术

点和下控制臂外端的球铰中心构成主销轴线。其优点是前轮内侧布置空间较大,方便前置前驱动布置。

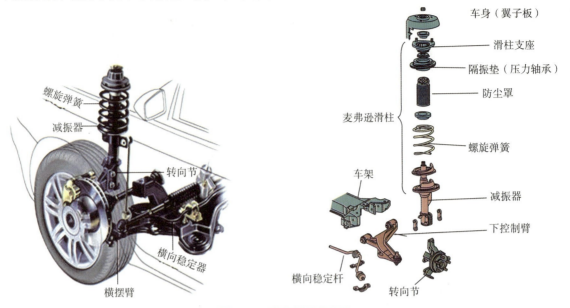

图 4-5-2 麦弗逊悬架结构

汽车行驶系统的组成和结构形式,在很大程度上取决于汽车经常行驶路面的性质。绝大多数汽车行驶在比较平坦的道路上,其行驶系统中直接与路面接触的部分是车轮,称这种行驶系统为轮式行驶系统,这样的汽车便是轮式汽车。除此以外,汽车行驶系统的结构形式,还有半履带式、全履带式和车轮半履带接合式等几种类型。当前绝大多数轿车采用子午线轮胎,它由胎面、带束层、帘布层、内衬、胎圈和胎肩等构成。胎面花纹即轮胎胎面上各种纵向、横向、斜向沟槽。胎面的花纹可以增大轮胎与地面的摩擦力、降低胎噪、增强驾乘舒适性、为轮胎散热和排水、提升车辆操控性能以及提升视觉效果等主要形式有不对称花纹、对称花纹以及单向花纹,如图 4-5-3 所示。

图 4-5-3 轮胎花纹

汽车行驶系统的功能是接受由引擎经传动系输出的转矩,并通过驱动轮与路面间附着作用,产生路面对汽车的牵引力来保证汽车的正常行驶;传递并承受路面作用于车轮的各向反力及其形成的力矩;此外,行驶系统尽可能缓和不平路面对车身造成的冲击和震动,保证汽车行驶平稳性,并且与汽车转向系统配合工作,实现汽车行驶方向的正确控制。

(二)车轮的定位参数

车的四个车轮、悬架组件以及前后车轴都具有一定的相对位置。汽车产生行驶跑偏和车轮的相对位置不正确有很大关系,下面学习和车轮相对位置有关的车轮定位参数。前轮定位参数有主销后倾角、主

项目四　底盘的故障诊断与排除

销内倾角、前轮外倾角、前轮前束、包容角；后轮定位参数有后轮外倾角、后轮前束、推力角。

1. 主销后倾角

主销后倾是指主销（即转向轴线）的上端略向后倾斜，从汽车的侧面看去，转向轴线与通过前轮中心的垂线之间形成一个夹角，即主销后倾角（图4-5-4）。增大此角可以提高汽车直线行驶的稳定性以及帮助高速行驶转向自动回正。

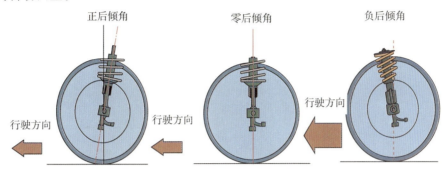

图 4-5-4　主销后倾角

2. 主销内倾角

主销内倾角（图4-5-5）是指在车辆的前面观察时，转向轴线与车轮垂直参考线之间的夹角，作用是减小转向操纵力、减少回跳和跑偏现象、改善车辆直线行驶的稳定性、帮助转向轮自动回正。这个参数通常不可以进行调整。

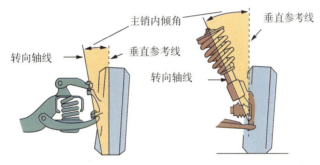

图 4-5-5　主销内倾角

3. 车轮外倾角

车轮外倾角（图4-5-6）是指在车辆的前面观察时，车轮几何中心线与垂直参考线的夹角。车轮外倾角可正可负。正外倾角过大，轮胎外侧过早磨损；负外倾角过大，轮胎内侧过早磨损；两侧的车轮外倾角相差1°以上，车辆向车轮正外倾角较大的一侧跑偏。

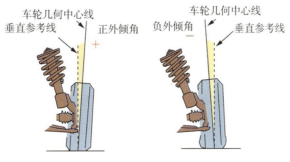

图 4-5-6　车轮外倾角

汽车故障诊断技术

4. 车轮前束

车轮前束（图 4-5-7）是指在车辆的正上方观察时，前轮（或后轮）的正前位置向内或向外的偏转程度。车轮前束的作用是确保两侧车轮平行滚动，当车轮向前滚动时，车轮前束可以补偿悬架系统引起的少量偏移。车轮前束调整不当，将会导致轮胎过早磨损以及转向不稳。

5. 包容角

主销内倾角与车轮外倾角之和，即转向轴线与车轮中心线之间的夹角称为包容角（图 4-5-8）。其为方向控制角，如果左、右侧不相等，汽车向包容角大的一侧跑偏。包容角可以用来诊断减振器滑柱等组件是否变形或磨损。

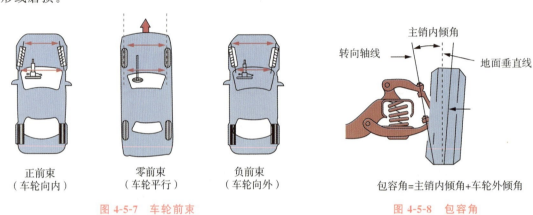

图 4-5-7 车轮前束   图 4-5-8 包容角

6. 推力角

后轮总前束的平分线称为推力线，推力线与车辆几何中心线之间形成的夹角称为推力角（图 4-5-9），又称推进角。推力角是车轮定位的基础，在车轮定位时先要检查推力角。如果推力角设置不正确，将会导致后轮循迹与前轮循迹不同，方向盘可能无法回正。

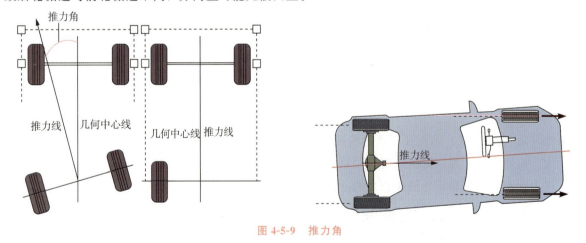

图 4-5-9 推力角

（三）行驶系统行驶跑偏故障原因分析

维修技师对故障车进行路试后，结合故障现象进行了故障原因分析，并绘制了故障诊断流程图。

1. 故障现象

（1）汽车直线行驶时，方向盘不在中间位置。

（2）汽车不能保持直线行驶状态，运动轨迹向左或右发生偏离。必须按照一定方向控制方向盘，才

项目四　底盘的故障诊断与排除

能保持直线行驶状态。

2. 故障原因

导致行驶系统行驶跑偏的具体原因有：

（1）左、右轮胎气压或轮胎直径不一致，导致左、右两侧轮胎的行驶阻力不同。

（2）前悬架左、右两侧减震器弹簧刚度不一致。

（3）车身或车架变形使左、右两侧轴距不等。

（4）汽车两边的轴距不等。

（5）两前轮轮毂轴承的松紧度不一。

（6）转向轮定位失准。

（7）转向轮单边制动拖滞。在行车制动中，当抬起制动踏板后，全部或个别车轮的制动作用不能完全解除，以致阻碍车辆重新起步、加速行驶或滑行的故障现象称作制动拖滞。

（8）转向杆系变形。

（9）动力转向系控制阀损坏或密封环弹性减弱，阀芯运动不畅或偏离中间位置。

行驶系统行驶跑偏故障诊断流程图如图 4-5-10 所示。

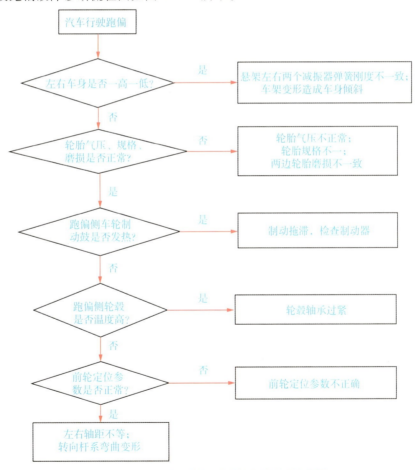

图 4-5-10　行驶系统行驶跑偏故障诊断流程图

（1）检查左右车身的高度是否一致。如果不一致，则检查悬架两侧减振器弹簧刚度以及车架是否变形。

（2）检查左右转向轮轮胎气压是否符合标准或一致，不符合标准或不一致应充气至标准值。检查左、右侧轮胎磨损是否均匀、磨损程度是否一致。

汽车故障诊断技术

（3）汽车行驶一段时间后检查跑偏一侧轮毂和制动鼓的温度，并与另一侧的轮毂和制动鼓相比较。若跑偏侧的制动鼓温度高于另一侧的制动鼓温度，说明该侧有制动拖滞现象，需拆检该侧车轮制动器。若跑偏侧的轮毂温度高于另一侧的轮毂温度，说明该侧轮毂轴承调整过紧、缺油，需要检修、调整。

（4）检查前轮定位参数是否正确。若不符合要求则需要重新调整。

（5）检查转向系统各机构的安装以及变形情况。

四、典型故障

一辆轿车进 4S 店维修，客户描述该车在直线行驶时会向左发生自动跑偏问题，必须依靠驾驶员转方向盘才能回归直线行驶状态，车辆失去行驶的稳定性。

（一）故障分析

1. 悬架弹簧检查

悬架弹簧在车辆无碰撞事故发生时故障率较低，检查时观察车辆悬架弹簧是否变形或折断，判断弹簧尺寸是否异常，上下弹簧座是否损坏及弹簧是否变软等，如果异常，应及时进行更换维修。通过检查该车悬架弹簧正常。

2. 轮胎检查

按照维修要求将车辆升高到一定高度，首先清洁轮辋内外表面，检查轮辋发现无变形和裂纹损坏等，用螺丝批等工具清理轮胎花纹中的石子等，无钉子等异物镶嵌，检查轮胎表面磨损情况同时旋转轮胎找出轮胎花纹深度三角标记，并做好标记，用轮胎花纹深度尺在相应的位置测量轮胎花纹深度，依次测量四个车轮并读取数据并记录。该车轮胎花纹深度正常，轮胎磨损程度正常，用轮胎气压表测量轮胎气压，轮胎气压基本正常。

3. 四轮定位检查

将车辆在四轮定位检测仪上停稳，按四轮定位检测仪的使用流程要求及系统操作界面提示依次进行夹具、传感器、刹车锁、方向盘锁等工具安装，最终检测出该车车轮外倾角、主销内倾角、主销后倾角、前轮前束等数值，发现该车的前束值不正确。

（二）故障排除

用工具松开左/右转向拉杆锁紧螺母，用工具扳手固定住转向拉杆接头座合件，同时用扳手旋转左/右转向球头拉杆，将前束值调整至规定正确范围值内。为了避免左/右轮胎磨损不均匀的发生，调整前束参数时，要确保左/右转向拉杆长度相等，调整完毕后按照维修手册要求拧紧转向拉杆锁紧螺母。维修后试车发现直线行驶过程中稳定性良好，无向左或向右自动跑偏的现象发生，维修成功。

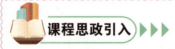

在人生的道路上，同学们要找到正确的方向，"打铁还需自身硬"。是金子总会发光，无论谁，只要有过硬的本领，经得起考验，都能立足于社会，立足于未来，在漫长的人生中大放光彩。

项目四 底盘的故障诊断与排除

五、零部件检修

（一）减振器和弹簧的检查

首先目视检查减振器外部筒体是否变形或锈蚀，是否存在漏油；上下端衬套是否磨损、老化或损坏。

在待检查的减振器的部位按压车身（图4-5-11），观察车身上下连续回跳的次数（3次以内）。用同样的方法检查另一侧的减振器。比较左右两减振器的阻力和回跳次数，左右两侧减振器的阻力和回跳次数必须相等。用手快速拉动或压缩减振器，压缩阻力应明显小于拉动阻力。检查悬架弹簧表面是否存在变形、裂纹、锈蚀等现象。测量左右侧悬架弹簧的自由长度，缩短量在5%以内。减振器和弹簧出现故障只能更换，建议左右减振器同时更换。

图4-5-11 按压车身检修

（二）车轮轮毂轴承的检查

举升待检查车辆，升至轮胎中心与维修人员胸口平齐的位置，锁止举升机。两手分别放在轮胎的上下侧，用力晃动，以检查轴承有无松动。如果感觉到轮胎出现松动，踩下制动踏板并保持，然后再次重复晃动的操作，若此时轮胎没有较大的摆动，应考虑车轮轴承故障；若轮胎仍然摆动较大，则故障部位有可能是球节等其他部件。

（三）轮胎磨损检测

轮胎在使用过程中应经常检查其花纹的磨损情况，可以通过磨损指示器进行判断，也可以使用轮胎花纹深度计来测量，如图4-5-12所示。

磨损指示器检查：当胎面被磨损到了与磨损指示器平齐时，提示需要更换轮胎。

轮胎花纹深度计检查：把轮胎花纹深度计放在胎面沟槽中（不包括胎面指示器），深度计的读数即为轮胎花纹深度值。

图4-5-12 轮胎磨损检测

（四）前轮前束调整

调整前轮前束时，应调整好后轮前束。前轮前束可通过调整转向内外横拉杆的长度进行调整，如图

4-5-13 所示。

(1) 确保方向盘处于正中位置。

(2) 将横拉杆左、右两边的锁紧螺栓松开。

(3) 根据四轮定位仪测量的结果调整横拉杆的长度。横拉杆位于车轮中心之后，增加横拉杆的长度，前轮前束增大；横拉杆位于车轮中心之前，增加横拉杆的长度，前轮前束减小。

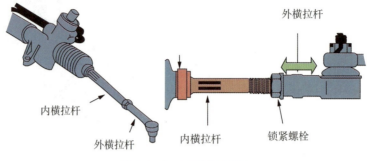

图 4-5-13 前轮前束调整

（五）车轮外倾角调整

车轮外倾角的调整方法根据车型各有不同，主要的调整方法包括：垫片调整法、槽孔调整法和偏心螺栓调整法等。

垫片调整法如图 4-5-14 所示，减少车架上的垫片，则控制臂向内侧移动，外倾角向负的方向改变；增加车架上的垫片，则控制臂向外侧移动，外倾角向正的方向改变。

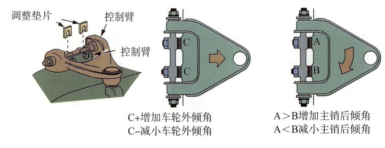

图 4-5-14 垫片调整法

槽孔调整法如图 4-5-15 所示，车辆控制臂的紧固螺栓安装在槽型孔中，紧固螺栓在槽型孔中的位置不同，则车轮外倾角也不同。只要前后两个螺栓孔的位置相对移动相同的刻度，就可以调整车轮外倾角。槽孔调整法也可以用于转向节与滑柱之间调节车轮外倾角。

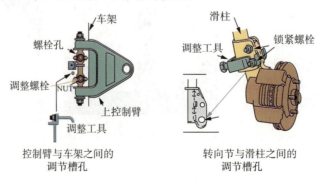

图 4-5-15 槽孔调整法

偏心螺栓调整法如图 4-5-16 所示，车辆的悬架控制臂与车架之间或转向节与滑柱之间采用偏心螺栓连接，调节该偏心螺栓的角度，就可调整车轮的外倾角。

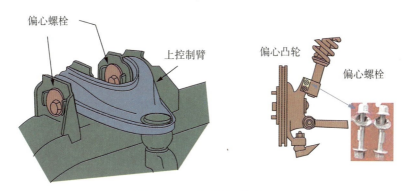

图 4-5-16　偏心螺栓调整法

（六）检查车身水平

(1) 取下发动机外部防护，关闭舱盖。
(2) 采用半蹲姿势在车辆的正前方，观察车身有无明显倾斜。
(3) 采用半蹲姿势在车辆的正后方，观察车身有无明显倾斜。

图 4-5-17 为检查车身水平方法。

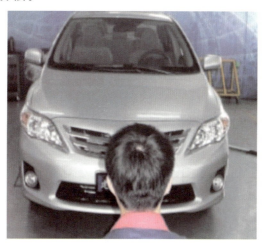

图 4-5-17　检查车身水平方法

六、本章小结

(1) 汽车行驶系统的组成和工作原理。
(2) 汽车行驶跑偏的故障原因：胎压不一致、制动拖滞、轮毂轴承过紧等。
(3) 汽车行驶跑偏故障的诊断步骤。

实训工单　行驶系统行驶跑偏故障诊断

1. 车辆信息

项目	信息	项目	信息
车型		发动机型号	
VIN 码		行驶里程	

2. 实训准备及设备初步检查

序号	检查项目	结果确认
1	汽车停放位置与举升机状况确认	
2	放置车外三件套	
3	放置车内三件套	
4	仪器设备准备	
5	测量工具准备	
6	技术资料准备	

3. 故障现象确认

经确认，该车故障现象如下。
_____

4. 故障诊断流程分析

经小组讨论，故障诊断流程如下。
_____
_____
_____

5. 检测过程与分析

（1）基础检测。

序号	检测项目	结果确认	序号	检测项目	结果确认
1	左右车身高度是否一致		3	轮胎规格是否一致	
2	轮胎气压是否正常		4	轮胎磨损是否正常	

（2）进一步检测与排除。

序号	检测项目	检测工况/方法	测量参数	结果分析
1	检查悬架减振器弹簧刚度是否一致			
2	检查制动器是否故障			
3	检查跑偏一侧制动鼓温度是否更高			
4	检查跑偏一侧轮毂温度是否更高			

项目四　底盘的故障诊断与排除

（续表）

序号	检测项目	检测工况/方法	测量参数	结果分析
5	检查四轮定位参数是否正常			
6	检测转向杆系是否弯曲			

（3）故障点及排除方法。
_____
_____
_____

6. 设备复位

序号	检查项目	结果确认
1	收起车外三件套	
2	收起车内三件套	
3	仪器设备复位	
4	测量工具复位	
5	技术资料复位	
6	场地清洁	

7. 评价与反馈

（1）学习小结。

序号	项目	操作内容	标准分	实际评分	备注
1	任务准备	实训准备及设备初步检查	10		
2	实施过程	行驶跑偏诊断	30		
3	完成质量	测量数据准确、排除故障	20		
4	完成时间	90 min	10		
5	安全操作	个人防护、设备安全等	20		
6	5S 工作	设备复位等	10		
		总分			

（2）成绩评定。

小组评议等级：_____　　组长签名：_____

教师评议等级：_____　　教师签名：_____

课 后 习 题

一、填空题

1. 按轿车结构不同，悬架可分为与整体式车桥配用的_____和与断开式车桥配用的_____。

2. 前轮定位参数有_____、_____、_____和_____。
3. 前轮（转向轮）前束的调整，是通过调整_____的长度来实现的。
4. 轻型轿车前桥采用最多的是_____独立悬架。

二、判断题

1. 车轮在装配后可不经过平衡试验和调整直接使用。（　　）
2. 减振器在汽车行驶中出现发热是正常的。（　　）
3. 螺旋弹簧具有减振作用。（　　）
4. 麦弗逊式悬架的减振器承受一部分横向力，所以当减振器动作时会产生很大的摩擦力。（　　）
5. 转向横拉杆长度可调是为了方便装配时进行调整。（　　）
6. 车轮定位参数不符合厂家的规定时可能造成轮胎过度磨损。（　　）

三、选择题

1. 汽车向左跑偏，可能由以下哪个原因引起这种故障？（　　）
   A. 右前制动器拖滞　　　　　　　　　　B. 左前车轮前束太大
   C. 左前主销后倾角太小　　　　　　　　D. 右前主销后倾角太小
2. 麦弗逊式汽车悬架为（　　）。
   A. 非独立悬架　　　　　　　　　　　　B. 组合式
   C. 独立悬架　　　　　　　　　　　　　D. 刚性式
3. 某汽车被举升机举起后，晃动转向车轮时有松旷现象，但踩下制动踏板后再晃动车轮时，松旷现象消失，以下哪项正确？（　　）
   A. 悬架系球头磨损　　　　　　　　　　B. 悬架臂衬套磨损
   C. 转向拉杆球头磨损　　　　　　　　　D. 车轮轴承间隙过大
4. 汽车行驶时向左跑偏，可能是由（　　）引起的。
   A. 右前制动器拖滞　　　　　　　　　　B. 左前车轮前束太大
   C. 左前车轮主销后倾角太小　　　　　　D. 右前车轮主销后倾角太小

参考文献

[1] 谢剑．汽车底盘构造与检修［M］．2版．北京：中国铁道出版社，2020．

[2] 张忠伟．汽车发动机电控系统检修［M］．北京：机械工业出版社，2019．

[3] 郇延建．汽车自动变速器构造与维修［M］．北京：机械工业出版社，2019．

[4] 白鹏飞．汽车电气设备构造与维修［M］．北京：人民交通出版社，2020．

[5] 于万海．汽车使用性能与检测［M］．北京：中国劳动社会保障出版社，2008．

[6] 人力资源社会保障部教材办公室．汽车维修工（高级）［M］．北京：中国劳动社会保障出版社，2021．

[7] 人力资源社会保障部教材办公室．汽车维修工（中级）［M］．北京：中国劳动社会保障出版社，2021．